「幸福な偶然」にたくさん出会う方法

荒木ひとみ 著

マイナビ

はじめに

もしも神様が目の前に現れて、「今までがんばったごほうびに、お前の望みを一つだけ叶《かな》えてあげよう」と言ったら、あなたはどんな願い事をしますか？

「一〇億円ください」
「もっと美しくなりたいです」
「頭をもっとよくしてください」
「権力を手に入れたいです」
「地位や名声がほしい」
「病気と無縁の体にしてください」
「愛する人と一緒にさせてほしい」……

いろいろな願いがあるでしょう。でも私だったら、こういう願い事は一切しません。なぜなら、こうした望みは、たとえ叶えられたとしても、状況が変わればクルリと姿を変えて、たちまち色あせてしまう恐れがあるからです。

いくらお金があっても、病気になったら楽しめません。どんなに美貌に恵まれていても、それだけで幸せは保証されない。頭のよさも学生時代はともかく、社会へ出たらそれほど絶対的な力を発揮するとは限りません。

では、何を願うのか。**私が願うのは「運のいい人間にしてください」ということ。**もし〈運のいい人間〉になれれば、自分の身の上に何か起ころうと困ることはないはず。人生は楽しく快適に生きられると思うのです。

「長い目で見れば、生まれつきの利口や金持ちより、運のいい人間のほうがはるかにいい」

イギリスの作家、サマセット・モームもこう言っています。

問題は、神様がこのように都合よく目の前に現れてくれない時、どうやって運のよさを身につけるかということです。

世の中には、どんなにまじめに努力しても物事がうまく運ばない人、いいはずのことが結果的に悪い方向へいってしまうような人がいます。

その一方で、何をやってもうまくいく人、さらには損したようでトクをしてしまう人、危なっかしいことでもよい結果に結びつけてしまう人、思いがけない幸運な偶然にどんどん巡《めぐ》り会う人、こういう運のよい人がいます。

その差は、一体どこにあるのでしょう？

たしかに必死の努力をしても結果がうまくいくとは限らないのが人生ですが、それにしても、同じような境遇、立場、能力でありながら、まるで幸運の女神がいつも微笑《ほほえ》んでくれているような人と、いつもそっぽを向かれているような人が出てくるのはなぜか？

ここ数年、私はずっとそのことを考え続けてきました。

そして、私は気づいたのです。

幸運の女神が微笑まない人は、ただ、目の前の問題を解決するために努力していました。そして、幸運の女神が微笑む人の努力は、人生全体での運をよくするために向けられていたのです。

ところで、最近注目され始めた言葉に「セレンディピティ」(Serendipity)というものがあります。

英語の辞書によると、「掘り出し物を見つける才能」「偶然の幸運に出会う能力」という意味。科学者がちょっとした偶然から歴史に残るような偉大な発見をすることがありますが、そういう〈幸福な偶然〉との出会いを「セレンディピティ」といいます。

インドに行こうとしてアメリカ大陸を発見したコロンブスも、リンゴが木から落ちるのを見て万有引力の法則を発見したニュートンも、失敗した材料から新しい発見をしたノーベル賞受賞者の田中耕一さんも、そうした〈幸福な偶然《セレンディピティ》〉に出会った人です。

この言葉は今まで科学の世界でよく使われてきましたが、最近は一般にも普及し始め、何かの偶然をきっかけに、誰もがムリと思うような事業で大成功したり、信じられないような幸運に出会った人たちを「セレンディピティな人」と呼ぶようになってきました。

X線を発見したレントゲンもセレンディピティな人でした。

彼は高校卒業直前に学校側の勘違いで退学処分を受け、予定していた大学へ進めなくなって、仕方なく別の地域へ移って勉強をし直すことになりました。でも、そのおかげで生涯の師と呼べるすばらしい先生に出会い、物理学の世界へ進むことになったのです。

他にも、金メダルを獲《と》るつもりがなくても、競技を楽しんでいたら金メダルをもらえていた。結婚したいと思っていなかったが、自分の仕事に最善を尽くしていたら、偶然ぴったりの相手に出会えた。これらも広い意味で「セレンディピティ」と呼んでいいと思います。

最初は偶然だったかもしれない。でも、その偶然を生かして、最高のものを手に入れた。起こる偶然自体はコントロールできないけれど、起こった偶然をよい方向に生かすようにする能力。この力こそが、私たちが身につけるべき能力だと思うのです。

そのような能力をどうしたら獲得できるのか？　そのヒントがこの本にあります。

常識をわきまえながら常識にとらわれない柔軟性、失敗もチャンスに変えていこうとする前向きな姿勢など、徐々にお話ししていきますが、それらは訓練で誰でも獲得可能なもの。

そうした姿勢を身につけると、日常の人との出会い、何気なく手に取った本やCDなど、身近な「偶然との出会い」も受けとめ方が変わってくるはずです。

私は今年でカウンセリング歴二十四年目を迎え、これまでに二万人余のクライアントと接してきました。彼らにはまじめな方が多い。がんばり屋さんも多い。ただ、努力の方向が違っている――そういう方がほとんどでした。

その努力を「運をよくする」「ツキを呼ぶ」〈幸福な偶然《セレンディピティ》〉に出会う」ために向けていただきたい。私はそんな思いから、この本を書きました。

本書は、

Ⅰ　運の流れを変えるために

Ⅱ　幸運を呼び込むために

Ⅲ　〈幸福な偶然〉に出会うために

の三部構成になっています。

「どうも最近ツキが落ちている」「自分の生活習慣や考え方を見直してみたい」という人はまず「Ⅰ」を。

「日々の生活にこれといった不満もないけど、運がよくなるなら、その行動を習慣化していきたい」という人は「Ⅱ」を。

そして、「最近、何だかいいことが立て続けにあった。こういう時こそ〈幸福な偶然〉に出会えそうだ」という人は「Ⅲ」を、というように、現在の自分の興味に応じて、読み進めていただきたいと思います。

本書の中身を一日一項目でも取り入れていけば、二ヵ月も経たないうちに、あなたは最初の〈幸福な偶然〉に出会うことになるでしょう。

そして、その時こそが、あなたにとって、真にセレンディピティな人生の始まりになるはずです。

二〇一五年 秋

荒木ひとみ

「幸福な偶然」にたくさん出会う方法

II 幸運を呼び込むために

Ⅲ 〈幸福な偶然〉に出会うために

I

運の流れを変えるために

1 窮地に立った時はこう考える

長い人生では「これは大ピンチ！」と思う時もあるはずです。そういう時が運命の分かれ道。そこでどう行動するかで、後々の人生は大きく変わってきます。

アメリカでの話です。ある女性が夫に先立たれ、途方に暮れていました。というのは、家を新築したばかりで、ローンがたっぷり残っていたからです。

専業主婦だった彼女は懸命に働きますが、稼ぎは高収入だった亡夫の足元にも及ばない。あと一週間でたまったローンが支払えなければ、家を明け渡さなければならないところまで追いつめられ、彼女の足は自然に故郷に向かっていました。

バスで故郷にたどり着いた彼女は、昔よく通った懐かしいレストランへ。そこで彼女はハイスクール時代の男友達にバッタリ出会います。

実は、彼女が故郷で一番会いたくない男性が彼でした。彼が別の女性と結婚したため、彼女は故郷を去った――。そういう苦い過去があったからです。

その彼にいの一番で会ってしまうとは……普通ならツキのない時はそういうものと思いがちですが、彼女にとっては、偶然のこの出会いが幸運の始まりだったのです。

彼は妻とすでに別れていました。聞かれるままに彼女は、自分が今置かれている境遇を話しました。すると彼は、即座に支援を申し出てくれたのです。

彼は以前から彼女に思いを寄せていて、別の女性と結婚したのも、彼女が「自分を愛していない」と思っていたからだった――。

つまり、行き違いから離れ離れになっていた男女が、奇《く》しくも再会を果たしたわけです。

ここから先は皆さんにも想像がつくと思います。彼の支援で彼女は家のローンを解決しただけでなく、二人はまもなく結婚しました。

この話は、成功哲学の大家ジョセフ・マーフィー博士の本に出ていた実話の一つです。

彼女は以前マーフィー博士に会ったことがありました。その時、彼女は博士から二つのアドバイスを受けていたのです。

一つは、**「自分に解決できない問題は自分の身には降りかからない。身に降りかかってきた問題は必ず解決できる」**ということ。

もう一つは、**「難問の解決策というのは、いつも思いがけないものである」**ということでした。

彼女は故郷に向かうバスの中で、偶然にもこの言葉を思い出していたといいます。

マーフィー博士が彼女に与えた二つのアドバイスは、手に余る問題を抱えたような時、すごく勇気をもらえる言葉ではないでしょうか。

大きな問題を抱え、「とても自分一人では解決できない」と思うことは誰にでもよくあること。でも、降りかかってきたからには「自分で解決できる問題なんだ」と思えばいい。

そう思った時、次に考えるのが「じゃあ、どうやって解決するんだ」ということでしょう。それがわからないから困ると誰もが思います。しかし、マーフィー博士は「解決策は思いがけないもの」と言っている。これがポイントなのです。

あくまでも「思いがけない」ものですから、その時点でいくら考えても思い浮かぶはずがありません。わからなくて当たり前。そういう時は決して絶望なんかしないで、泰然《たいぜん》としていればいいのです。

皆さんも、絶体絶命の窮地に立たされて解決策が見当たらない時は、決してアタフタせず「解決策は思いがけないものだから、今わかるはずがない」と思うようにしましょう。〈幸福な偶然《セレンディピティ》〉に巡り会うお膳立《ぜんだ》てができたと思えばいいのです。

「もうダメだ」と、自分で勝手に結論を急いでしまうことさえしなければ、どんな窮地に陥《おちい》っても、必ず道はひらけてくるのですから。

解決策は、いつだって思いがけないもの。

2 不運は幸運の前ぶれ

皆さんは「幸運」をどんなものだと思っていますか。

三億円の宝くじに当たること？　好きな人と一緒に暮らせること？　望みの仕事に就《つ》けること？　健康に生きられること？　大勢の人と仲良くなれること？　人によってさまざまな幸運の形があると思います。

では、「不運」にはどんなものがあるでしょうか。最愛の人を失う、事故に遭う、仕事で失敗する、リストラされる、病気になる……こちらも数限りなくあります。

幸運も不運も人によってさまざまです。でも、『運命の法則』（飛鳥新社）を書かれた天外伺朗《てんげしろう》さんによれば、不運というのは、たった二種類しかないそうです。

一つは、幸運の女神が不運の衣装をまとって訪れた場合。

もう一つは、その人の今の生き方に対する警告メッセージ、この二つだけ。

不運とは、普通考えているようなマイナス運ではありません。不運は幸運に出会う前ぶれであり、幸運への掛け橋である――そう思えばいいのです。そう思えないと、目の前に幸運が現れても、逃がしてしまいます。

世の中には「自分は運が悪い」と決め込んでいる人がよくいます。そういう人は自分でわざわざ運を悪くしているのです。なぜかというと、**人生というのは〈考えた通り〉になっていく**ものだからです。

「運が悪い」とか「ろくな人生じゃない」と思っていると、本当にそうなっていく。どうせ思うなら、「自分は運がいい」「ツキがある」と思ったほうがどれだけいいかわかりません。

「私はずっと幸せを求めてきたのに、なぜか幸運に巡り会えない。人生なんて、自分の思い通りになんかなるもんじゃない」

こんなふうに言う人が気づいていない大切なことが一つあります。それは言葉とは裏腹に「思い通りになっている」ことです。

なぜなら、その人は「人生、思い通りになんかならない」と思っている。ということは、「思い通りにならない」という思い通りの人生を送っているわけで、思い通りにならないどころか、ちゃんと思った通りになっているのです。

それから、幸運を手に入れてもすぐ離れていってしまう人がいます。そういう人は心のどこかで「どうせ長続きしない」と思っているからです。

また、そういう人に限って、逆に不運の時には「この状態はいつまで続くんだろうか。もしかしたら一生続くのでは……」などと不吉な予測をする。そんなふうに考えているから、本当に不運が続いてしまうのです。

このように考えていくと、巡りくる運をマイナス思考でとらえるのは絶対に損だとわかるはずです。

ですから、不運に見舞われたら「次は幸運がやってくるぞ」と思えばいい。そして幸運が巡ってきたら、「この運は長く続く」と自分に言い聞かせればいいのです。

どちらも自分の思いなのですから、好ましいほうを選べばいい。

ところが、なぜかよくないほうを選びたがる人たちが圧倒的に多い。これは本当に不思議なことです。

ツイている人たちは、絶対にそんなふうには考えません。いつも自分の望むように考えています。

実際には、彼らにも不運なことは当然起きています。試験に落ちる、失恋する、リストラされる……ただ、そういう時「幸運が姿を変えてやってきたんだ」「この不運は今の生き方への警告らしい」と前向きにとらえる。だから不運と感じる暇がなく、「幸運とその過渡期《かとき》しかない」ような人生が送れているのです。

不運に見舞われたら
「次は幸運がやってくる」と思おう。
幸運が巡ってきたら、「この運は長く続く」
と自分に言い聞かせよう。

3 ツイていない時は焦らない

人生には運のいい時と悪い時があります。運を味方につけるには、ツキが落ちた時、どう考え、どう行動するかが大きな分岐点になります。

よくないことばかりが続けて起きるような時、あなたはどうしていますか？

一番ダメなのは焦《あせ》ってジタバタすることです。「困った、困った」「どうしよう、どうしよう」と慌てふためくと、運はますます悪くなっていく。水に落ちた時、焦って手足をバタバタさせるとかえって溺《おぼ》れてしまうのと一緒です。

水に落ちるのも不運ですが、ジタバタはその不運に拍車をかける。ツイていないと思う時は、じっとしていたほうがいいのです。

人生には耐え忍ぶ時期というのが必ずあるもの。一生懸命やっても結果が出ない、裏目裏目に展開する。そんな時は決して取り乱さず、「今はその時期ではないんだ」と思い直し、ムダな抵抗はやめてじっと動かないに限ります。

何か悪いことが起きると、次から次へと悪いことが連鎖《れんさ》して起きてくるのは、別に運が意地悪をしているわけではなく、自分で悪くしてしまっているのです。

中には、「こんなことになったのも、あの人のせいだ」などと、他人のせいにする人がいますが、これは最悪の対応です。

他人から影響を受けることはありますが、たとえ悪い影響を受けたとしても、他人のせいにするのは賢明ではありません。

幸運を迎えるには**「よいことは他人のおかげ。よくないことは自分のせい」という気持ちで人と接する**こと。妬《ねた》みや恨み、怒りなど、マイナスの感情は、運をつかむという観点からはマイナスにしか働きません。

運を味方につけてしまえば、もうこちらのものなのですから、それまでは人生、耐え忍ぶ時期というものがあってもよいではありませんか。

とはいうものの、次々と不運な出来事が重なると、いくら元気な人でもだんだん弱気になってきます。そういう時は「よくないことはツキの始まり」と考えましょう。

実際、「ピンチはチャンス」とよく言うように、幸運の女神は、一見〈不運の衣装〉をまとって姿を現すことが多いのです。だから本格的な不運に見舞われたら、「いよいよチャンスがやってきた」とむしろ歓迎すればいいのです。

4 キッパリ「NO」と言う

人から何かを勧められたり頼まれたりした時、断りたいのに断れない人がいます。そういう人は、運命を暗転させる可能性が大きい。はっきり「NO」と言えるかどうかは、人生に決定的な影響を与えることも少なくないのです。

でも、「運がない」と嘆く人には、不思議と「NO」と言えないタイプが多い。たしかに「YES」を言うのは簡単です。「YES」と言えば、その場、その瞬間においては相手をイヤな気分にさせることもなければ、トラブルを発生させることもありません。

しかし、できもしない約束を安請け合いして、かえって後で問題が大きくなり、その火を消すのに苦労した、他の人にも迷惑をかけたという経験が、皆さんにもあるのではないかと思います。

ただ、それがわかっていても、やはりその場ではっきり「ＮＯ」と言うのは難しいものです。

でも、人生は選択の連続。どんな時も「ＹＥＳ」か「ＮＯ」かのいずれかを選ばなければなりません。

「ＮＯ」がなかなか言えない人は、人生を自分で決めていないのと同じ。他人に幸運のガラスの靴を預けっぱなしにしているのではないでしょうか。そんな姿勢を続けていては、幸運がやってくるはずがありません。

ツイている人たちはみんな「ＹＥＳ」と「ＮＯ」がはっきり言える人たちです。思い切りよく決断できない人には、幸運はなかなか巡ってこないのです。

5 偶然のチャンスをどう見つけるか

最近はプラス思考が流行っていますが、時に現実の壁がプラス思考の前に立ちふさがります。

明日の生活費にも困っている人に、「プラスに考えたほうがいいですよ。『お金持ちになる』と思えば、そうなれるのですから」と励ましても、そっぽを向かれるだけでしょう。

こんな状況の時、役立つのが「現在進行形で考える」という方法です。つまり「自分は今○○になりつつある」という考え方をするのです。

今、お金に困っている人が「私は金持ちである」と思うのはムリがあります。ですから、これを「私は、今はお金に困っている。しかし、お金持ちになりつつあるんだ」というように現在進行形にしてみるのです。

そして、すべてをこの調子で「よいほうへ向かいつつある」と考えてみましょう。

人生では思い通りに運ばないこともたびたび起こります。

例えば希望の学校に入れない――その時は落胆《らくたん》するかもしれません。でも、気を取り直して別の道へ進んだら大成功した。受験の失敗は別の成功への第一歩だった。そういう例も世の中にはいっぱいあります。

後で振り返って「あの時が分岐点だった」と言えるような瞬間は、その時の状態が決して好ましく思えないことが多いものなので、「どうせ、またダメなんだ」という否定的な思考回路にハマってしまいがちです。

でも、否定的な考え方にとらわれると、仮に幸運が巡ってきても逃がすことが多い。

〈幸福な偶然〉というのは、何気ない日常の偶然からチャンスを見つけ出すことです。そのためには意識レベルをいつも高めておく必要があります。

砂浜の小さな石のカケラからダイヤモンドの原石を見つけられるのは、見つけようという意識をもっている人だけ。

現在進行形で考えるということは、前向きな姿勢であるとともに、自分の夢や希望、目標や計画を片時も放棄しないことに他なりません。運を味方にできる人というのは、たとえ意識の片隅であれ、一時も〈そのこと〉を忘れないのです。

「私は今○○になりつつある」という考え方をもち続けると、心の奥深いところにその考えが定着して「忘れているようで忘れていない」という状態になります。

この状態になると、普段は見逃しがちな偶然をきっかけに突然ひらめいたり、チャンスを導き出したりすることができるようになるのです。

6 自分の都合のいいように考える

自分がツイていない時、人のことをうらやましがる人がいます。でも、これはマイナス思考の人。嫉妬や羨望の気持ちはマイナス思考なのです。

そういう時、「自分に○○が欠けている」ことはいったん忘れてしまいましょう。

例えば、高価な宝石をいっぱいもっている人がいます。そういう人に対して、プラス思考の人はこう考えます。

「宝石をたくさんもってる人？　私は少しもうらやましいと思わない。だって、それって、宝石店のショーウィンドウに飾られているものが、その人の宝石箱に移動しただけの話じゃない」

たしかに宝石をたくさんもっていても、一度に全部つけられるわけではないし、普段はイミテーションをつけて本物は宝石箱に眠ったままなら、どこに置いてあろうと一緒です。

お金も同じです。銀行の金庫に眠っているお金を全部「自分のもの」と思ってしまえばいい。「ただ、定期預金だから今は使えない。とりあえず手元にあるぶんだけで暮らさなきゃ……」というように。

私の知人に「全国のタクシーは自分のものだ」と広言《こうげん》している人がいます。「私は全国に運転手付きの車を配置してある。利用したい時は、手を挙げるだけでいいんだ。しかし、全員に給料を払うのは大変だから、『俺が利用しない時は勝手に稼いでもいいよ』と言ってあるんだ」

この考え方、たぶん多くの人の感想は「？？」だと思います。でも、真のプラス思考とはこういうもの。言葉を換えれば「自分に都合のいいように考えている」だけです。

でも、これが、人生を明るく前向きに過ごしている人の〈考え方のスタイル〉なのです。

こういう考え方に慣れるには「これでよかったんだ」を口グセにすることです。

そして、**大変なことがあっても、「それは今の自分に必要なことなんだ」と思うこと。**

理由なんか後回しでかまいません。とにかく「これでよかった」と思うことがプラス思考の一番のポイントです。

そういう考え方のクセをつけると、いつも前向きの気持ちでいられる。これが運を味方にするためには必要なのです。

7 心配しないほうが結果はいい

ツイていないと、「これからも、いいことなんてないんじゃないか」と不安を覚えたり、心配になったりするものです。

不安や心配は誰もが抱く感情です。でも、不安や心配ばかりしていると、前向きな姿勢がとりにくくなるし、人生は暗くなります。

そこで不安や心配にどう向き合うかを考えてみましょう。

不安・心配とは何かというと、「まだ起きていない将来の出来事に対するマイナスの想像」のことです。あくまで想像ですから、プラスにも想像できるはずですが、多くの人はマイナスに考えてしまいます。

例えば、恋人と待ち合わせをしている女性がいます。約束の時間が過ぎても彼が来ません。そういう時、彼女はこう考えるのです。

「事故にでも遭ったんじゃないかしら」

「他に好きな人ができたんじゃないかしら」

いったん考え出すと、不安はどんどんふくらんで、心配は肥大化していきます。

三十分後。「やあ、待たせてごめん」と彼がやってくる。

ここでようやく不安も心配もいっぺんに吹き飛びますが、待っている三十分間の彼女は決して楽しく過ごしていません。心配症の人の日常は、すべてこの調子なのです。

ここで一つ覚えておいたほうがいいのは、**「想像することは、しばしば現実化する」**ということです。

「恋人に捨てられる」と思うほうが、思わないより、そうなる確率が高い。だから同じ想像をするなら、好ましい想像のほうが絶対にトクなのです。

心配症の人はよく「ほら、私の心配した通りになったでしょ」と言いますが、それはそのはずです。そういう想像ばかりして心配の確率を高めたからです。そしてますます自信をもって不安・心配に励むことになるのです。

不安がったり、心配することの多い人が損だと思うのは、当たらない場合は暗い想像をしたぶんだけつまらない時間を過ごしたことになるし、ズバリ当たったところで別にうれしくもないことだから。

的中《てきちゅう》してもうれしくない想像はできるだけしないことです。どうせするならよいこと、楽しいことを想像しましょう。

そのほうが、幸運は断然近づきやすいはずです。

8 怒るのは百害あって一利なし

現状に満足できていない時は、誰でもイライラしがち。でも、すぐにカッとなる人は幸運の女神も嫌いらしく、いいことはまず起こりません。

教育のために「叱る」というのは、それなりの効用が認められますが、怒りには何一ついいことがありません。「怒りは毒薬だ」といってもいいでしょう。

「毒薬とは言いすぎじゃないか」と思う人がいるかもしれませんが、これは医学的にも証明されていること。怒ると有害なホルモンが大量に出て、自己免疫力を弱め、病気や老化を促進してしまうのです。

でも、いろいろな感情の中でも〈怒りの感情〉はとても強いもので、損ばかりとわかっていても、そう簡単におさまるものではありません。

もともと人間は、自分に損なことはあまりしないものですが、怒りに限っては損得抜きになってしまう。「自分は正しいことをしている」と感じるからでしょうか。

例えば、同じマンションの住人に一人、ゴミをいいかげんに出す人がいる。収集日以外に大量のゴミを出して周囲の人に迷惑をかけているとします。正義感の強い人は、そういうことが許せなくてカッカと怒る。

こうした怒りは正当なもので、「健全さの現れ」ともいえるかもしれませんが、たとえ正当な理由であっても、怒ることはお勧めできません。

怒りという感情にはエスカレートする性質があり、自分でも驚くほど大きくなってしまう。やがて冷静さを失い、取り返しのつかない失敗につながることが多いのです。

自信のある人、余裕のある人はあまり怒りません。結局、**怒りっぽい人というのは、人が怒らせるというより、自分の中に怒り出すような材料をいっぱい抱えているのです。**

例えば、誰かの発言でムカッとした時のことを思い出してみてください。「君はだらしがないな」「あなたは約束を守らない人だ」。こんなふうに言われてカッとするとしたら、たぶんそれは真実なのです。その指摘が見当違いであれば腹は立たないもの。頭のいい人に「バカですね」と言ってもニコニコしているはずです。

「自分に都合の悪い真実」を指摘されたから、怒りの感情がわいてしまったのです。であれば、それを素直に認め、直すように心がけましょう。

これは、他人に対しての怒りでも同じです。あなたが他人に悪感情をもつ時、ほとんどの場合、それはその他人の中に「自分自身の悪い点」を見つけているのです。こうした時も、「自分の悪いところを気づかせてくれたんだ」と思って、怒りを静めましょう。

9　機嫌よく眠りにつこう

「今日はいいことが一つもなかった」

誰にでも、時にはこんな日があるものです。

そんな日は「早く家に帰って寝てしまおう」と思うかもしれませんが、そういう日こそ、何か一ついいことを行なって一日を終えるようにしてください。

なぜでしょうか。

それは眠りと関係があります。一日のしめくくりには誰もが睡眠をとりますが、眠ることは単に「休息」だけを意味しません。起きているのとは違った形で、心や体が働き、現実の人生に大きな影響を与えているのです。

眠りの果たす重要な効用を初めて指摘したのは、ジョセフ・マーフィー博士でした。

「睡眠は顕在意識が休憩を取り、代わりに潜在意識が働く時間帯である」

私たちの顕在意識を表の世界とすれば、それに相応する裏世界があって、そこでは私たちの想いに基づいて潜在意識が一生懸命に働いている。そして実は**寝ている時こそ、人生を左右する決定的な出来事が起きている**、と考えることもできるのです。

ただ潜在意識は、顕在意識と違って、例えばあなたの気持ちがすさんで自己破滅的になっているとしたら、あなたを破滅させるほうへと力を貸してしまいます。

潜在意識というのは、本人の深層の心に忠実に働くものだからです。

その潜在意識を唯一コントロールできるのが「睡眠へ入る直前のウトウトした状態の時である」とマーフィー博士は言っています。

だから、一日を終えて眠りに入る時は、できるだけ「好ましい状態」にしておきたいもの。そのためには何でもいいから、何か一つ「いいこと」をしましょう。

普段連絡を取っていない両親に電話をかけてみる。部屋の掃除をする。日中であれば、町で他人に親切にしてあげる――席や順番を譲る、倒れたりはみ出した自転車を元に戻す。あるいは誰かを想って花を買って部屋に飾る、というのもいいでしょう。心がホッとするような「いいこと」です。

よく一日一善といいますが、出し惜しみをしないで二善でも三善でもするクセをつけておきましょう。そうすれば、自分にとって〈厄日《やくび》〉のような一日であっても、ブルーな気持ちで眠りにつかないですむようになるはずです。

10 結果が伴わない行動はやめる

「継続は力なり」といいますが、いくら努力しても結果が出ない時、やっていることが空回りするような時は、思い切って「やめてしまう」という決断も大切なことです。

「行動」というものを、一面的に考えすぎてはダメなのです。

行動の選択肢には「がんばってやる」「違う視点で取り組んでみる」ももちろんありますが、「何もせずにおく」「やめてしまう」も含まれています。このことに気づいていない人が意外に多いようです。

やればやるほど結果が悪くなる時というのは誰にでもあるものです。そういう時、まじめな方やがんばり屋さんは「これではいけない」と、次々新しいことに挑戦していく。その前向きな姿勢は買えますが、たいていの場合、結果はよくならない。悪循環にハマったような時は、ますます事態を悪化させてしまうことになります。

また、「気合いを入れて行動すれば結果はよくなる」と多くの人が考えているようですが、実はそうではないのです。

人間の行動は、その時その時の環境や自分自身のコンディションで結果が違ってきます。まったく同じコンディションというのはありえないのですから、前に成功したやり方が次に通用するとは限らない。

といって、いつもいつもやり方を変えることもできません。

では、どうすればいいかというと、一番いいのは、いつも最高の能力を発揮できる方法論を身につけることです。

人の能力や個性、状況によって、行動は多様になりますが、どんな時にも通用する大切な要素が一つあります。それは「リラックス」ということです。

人がもてる能力を最高に発揮できるのは、緊張している時よりもリラックスしている時です。だから、どんな場合もリラックスが一番大切なのです。

大変な時にがんばるのは当然ですが、結果が出なかったら、「思い切ってやめてみる」という選択肢も必要なのです。

リラックスして、心にゆとりが出てくると、これまでとは違う発想にも切り替えやすくなるものです。

11 行動パターンを変えてみる

「二度あることは三度ある」とか「悪いことは重なる」と言いますが、実際にいいことも悪いことも、なぜか連続して起きてきます。

その理由ははっきりとはわかりませんが、物事というのは悪循環か好循環かどちらかの流れにハマることが多いのです。

でも、それが好ましい状態ならばいいですが、自分にとって不本意な状態がダラダラと続くのはちょっと困ります。

そういう時は、日常生活の中の行動パターンを変えてみることで、その悪循環が絶たれることもあります。

いつも習慣になっているパターンを変えてみましょう。

例えば服装。普段は絶対に身につけない色やデザインの洋服を着てみる。また髪形を変えてみる。それだけで気分が一新されます。

また、会社勤めであれば、通勤経路を変えてみたり、出社時間を繰り上げてみる。こういうこともライフスタイルに変化を生むきっかけになります。

もう少し大掛かりに、つきあう人脈を変えるのもいいでしょう。今の人脈が自分にとってプラスになっていないと感じるようなら、少しずつ入れ替えてみることです。

私たちはよい習慣と悪い習慣をたくさんもっていますが、その多くは成長過程で出会った出来事や経験、環境などから、知らず知らずに条件付けされたものです。それが自分にプラスになる場合もあれば、マイナスに作用する場合もありますが、簡単には判断することができません。

ときどき行動パターンを変えてみるというのは、なじんでしまった習慣的な行動パターンを点検してみるのに役立ちます。

人間は、行動がパターン化して「こうである」と思い込んでしまいやすいもの。

せっかくチャンスを目前にしながら、「それはいつもと違うから」という思い込みで、みすみすチャンスを失っているのかもしれません。

12「大変だ」という気持ちでやらない

悪い時には、不思議に悪いことが重なるものです。これは皆さんにも経験のあることだと思います。

実際、私のところには、あちこちに借金をつくってしまった多重債務者の人たちが相談に来られることがありますが、その人たちの中には、病気になったり、交通事故を起こしたり、詐欺《さぎ》にあったりと、悪いことが続く人がよくいます。なぜか不思議にそうなる。これにはちゃんとした理由があります。

人間の想像力が、意思と逆の行動を促《うなが》すことがあるからです。

例えば、狭い道を自動車ですれ違う時、お互いに離れればいいのに、向き合う車に近寄ってしまう場合があります。意思ではぶつからないよう、避けようと思っているのですが、ハンドルを握った手がなぜか硬直して逆の行動をとる。そういう時、頭の中では「ぶつかる自分」が想像されているのです。

この原因を理解するためには「自己暗示の法則」を知っておくとよいでしょう。

自己暗示心理学を提唱したフランスの医学者クーエによる「自己暗示三つの法則」とは、

第一法則　意思と想像が争う時、勝つのは常に想像力のほうである

第二法則　意思と想像が一致した時、その力は和ではなく積である

第三法則　想像力はコントロールし誘導することが可能である

プールの高い飛び込み台から飛び込めないのは、「飛び込みたい」という意思より「怖い」という想像のほうが勝ってしまうからです。この時、もし「素敵な姿勢で飛び込むカッコいい自分」が想像できれば、意思と想像が一致して飛び込むことができるはず。

このように意思と想像は常に一致させておくことが大切です。では、どうやって一致させればよいでしょうか。その答えは「リラックス」です。

お金を必要とする人が稼ごうとする時、「稼がなければ大変なことになる」と思うのは、高い飛び込み台の上で「怖い」と思っているのに似ています。それでも飛び込むとなったら「必死」にならざるをえません。人が必死になって何かをする時は、意思と想像は一致していないことが多いのです。

どんなことにも、必死になるよりリラックスして臨《のぞ》みましょう。**リラックスしたほうがもてる能力を発揮できるし、結果もいい**からです。

13 開き直りの精神が運を変える

事態がどんどん悪くなっていくような時は、たまには「開き直ってみる」ということも必要だと思います。

次のような話がありました。経営が苦しくなった会社の社長さんが、毎朝、二〇〇人ほどの社員を一堂に集め「朝の訓話」で社員を激励していました。しかし、当事者意識の薄い社員たちは、誠意を込めて話してもいっこうに会社の危機を自覚できない。いつも上《うわ》の空で聞いているのです。

ある朝、一生懸命しゃべっているのにろくに聞いていない社員たちを見て、カッと頭に血がのぼった社長さん、思わず「もう知らん。君たちがそういう態度なら勝手にしろ！」と怒鳴ってしまったのです。

社長室に引きあげてきた社長さんは、さすがに「まずいことを言ってしまったな」と反省しきり。ところが社員たちの反応は、思いも寄らないものでした。

しばらくすると、主だった社員が社長室にやってきて「すみません。社長が懸命にがんばっているのに、私たちがたるんでいました」と謝ったのです。社長の〈開き直り〉が社員たちに思わぬ効果をもたらしたということです。

私が接してきた多重債務者の方も、誰もが「返さなければ、返さなければ」という切羽詰《せっぱ》まった気持ちでいました。

借りたお金を返すのは当たり前のことですが、「早く返さなければ」という思いが、別のところから借りて返すという多重債務に落ち込む最大の原因になっていたのです。

もし途中段階で「返せません！」と開き直っていたら、ここまで悪い状況にはならなかっただろうに、という方も大勢います。

以前、多重債務から見事に立ち直った人が、「自分はこう考えて吹っ切れました」と手渡してくれたメモがあります。そこにはこう書かれていました。

○起きてしまったことは起きてしまったことで仕方がないじゃないか。
○自分を責めても少しも事態の解決にはならない。かえって足を引っ張るぞ。
○返すよりも解決することを優先的に考えよう。

見事な開き直りです。こういう気持ちになれる人は、不思議に立ち直りが早い。今まで逃げていた運が、戻ってきて味方になってくれるのです。

運を味方につけたかったら、時には開き直ることです。

幸運の女神は、

不運の衣装をまとってやってくる。

Ⅱ

幸運を呼び込むために

14「運がいい」と自分に言い聞かせる

あなたは「運は変えられない」と思っていませんか。人間の運命はあらかじめ決まっている、と。でも、そうではないのです。運は変えられます。実際、幸運に恵まれた人たちは、多かれ少なかれ自分自身で運命を変えてきています。

では、運を変えるためにはどうすればいいのか。まず「自分は運のいい人間である」と思い込むことです。そして、そのことを周囲に公言してしまうこと。自分自身が強くそう思い込んで、それを周囲に公言していると、不思議に運のほうが向こうからやってきてくれます。

運については、昔から多くの賢人が、さまざまな考え方を示してきました。フランスの哲学者モンテーニュは、次のように言っています。

「運命は、我々を幸福にも不幸にもしない。ただ、その材料と種を我々に提供するだけである」

つまり、運、不運は確かにありますが、それはもたらされたものではなく、自分自身が選択したものだということです。

世の中には「自分は運が悪い」と勝手に決めてしまっている人がいます。そういう人は、いつも自分の運の悪さを嘆かなければならないでしょう。なぜなら「そう決めた」からです。運の悪さを意識する人は、その意識のために不運を呼び込む。普段からの考えというものは、不思議に人をその方向へと導いていくからです。どうせ意識するなら「自分は運がいい」「ツキがある」と思ったほうがいい。

物事の成り行きというものは、すべて理屈に合っているとは限らないので、ときどき「わけのわからない進み方」をします。それを人は運とか運命といっているわけですが、運は誰かが与えてくれるものではなく、自分でつくりだしているのです。

例えば、「自分には運がない」と思っている人は、一生その状態のままで終わることでしょう。逆に「自分には運がある」と思える人は、たとえ今、運に恵まれていなくても、必ず恵まれる時がやってきます。手元のお金が乏《とぼ》しくても、銀行口座にちゃんとお金のある人は、決してアタフタすることがない。「自分に運がある」と思うことは、この心理状態を自分の心の中につくりだすことです。

この心理状態をつくりだせれば、何も恐れることはありません。**困難を抱えても見事に立ち直っていける人というのは、例外なく自分の運を信じています。**

15 ツキを呼ぶ魔法の言葉

一人の青年が自分探しの旅をしていました。彼はイスラエルに立ち寄った時、一人の老婆と出会います。二人は仲良くなり、いろいろな話をしました。そして別れ際に老婆は、こんなことを言ったのです。

「人生のツキを呼ぶ魔法の言葉というのを教えてあげよう。この言葉を使ってさえいれば、きっとよい人生が送れるよ」

青年は教えてもらったその言葉を使い続けました。それまで、どちらかといえば不運だった彼の人生は、その時以来ずっと幸運に恵まれ続けているといいます。

この話は、五日市剛《いつかいちつよし》さんの『ツキを呼ぶ魔法の言葉』(とやの健康ヴィレッジ)という本に出ています。

老婆から教わった言葉は二つありました。それがどんな言葉なのか。皆さんもぜひ知りたいと思うのではありませんか。

でも、知ってしまうと「なあんだ」と拍子抜けするかもしれません。それでも五日市さんの説明を読むと「なるほど」と納得できます。その二つの言葉とは？

一つ目は「ありがとう」、二つ目は「感謝します」でした。

何の変哲もない言葉です。

「それなら、私だって普段からよく使ってる。でも特別ツキに恵まれたことなんかないなあ」。こんな感想をもつ人も大勢いると思います。

人から親切にしてもらったり、望んだことをしてもらえれば、誰だってうれしい。うれしければ「ありがとう」と言うし、感謝もします。

でも、老婆が彼に教えたのは、私たちが普段から使っているような単純な使い方ではありませんでした。例えば、人から迷惑をかけられたら、私たちはどうしますか。とても「ありがとう」を言う気になれません。

老婆は、「そういう時でも『ありがとう』を言いなさい」と教えたのです。

「感謝します」という言葉も、何かをしてもらった後に使うのが普通ですが、前もって「そうなったつもりで感謝しなさい」。五日市さんはそう教わったのです。「ありがとう」も「感謝します」も、普通に使うぶんには、少しも難しくありませんが、このような感謝の仕方は、なかなかできないと思いませんか。

人から何もしてもらっていないのに「ありがとう」は言えない。人から裏切られたら、とても感謝などできない。そんな時でもお礼の言葉が必要なのか、感謝は必要なのか。

でも、そういう疑問を抱く人は、言葉の価値というものを、もっと深く考える必要がありそうです。

言葉にくわしい山梨大学の池田清彦教授は『分類という思想』(新潮選書)で、次のように述べています。

「人は言葉の魔力から逃れられない」

言葉は人間がつくりだした記号にすぎませんが、人間がいろいろな価値を張りつけた結果、その価値によって機能するようになりました。だから、人は使う言葉、使われた言葉の影響から逃れられません。

よい言葉に囲まれればよい人生を送れますが、悪い言葉に囲まれると悪い人生になることを避けられなくなるのです。

例えば「あの人が憎らしい」とか「大キライだ」といったマイナスの言葉を多く使っている人。そういう人は、ますますそういう言葉を使わなければならない人生になっていきます。

逆に、どんな時でも「ありがとう」「感謝します」と言っているような人は、ますますその言葉を使う機会に恵まれるようになる。

つまり、よい言葉を使うことが、幸運を招く決定的な条件――。

イスラエルの老婆が五日市さんに教えたのは、結局そういうことだったように私には思えます。

私たちは言葉というものを、あまりに現実や事実に即して使いすぎているようです。

うれしいことがあれば「うれしい」、悔しいことがあれば「悔しい」。暗い気持ちだと「暗い」という直截《ちょくせつ》な言葉が口をついて出る……。

でも、それだけではダメなのです。過去の追認とその瞬間の評価にしか言葉を使っていない。言葉の成り立ちからいって、私たちが普段何気なく使う言葉にも、前向きの工夫が必要なのではないでしょうか。

よい言葉は人生の好循環を招き、悪い言葉は人生の悪循環につながっていく――。「ありがとう」と「感謝します」は、人生の好循環に入る出発点になります。

運を味方につけるために、まずこの二つの「魔法の言葉」を徹底して使ってみることです。

16 〈過去〉とキッパリ決別する

運を味方につけるためには、過去の扱い方がとても大切です。

でも、過去といっても、よい過去もあれば悪い過去もある。一般によい過去とは、思い出して楽しい過去のことです。仲良しの友達のこと、試験でよい成績をとったこと、希望の学校に合格したこと……そういう過去なら別に決別する必要はないように思えます。

逆に思い出したくない過去、例えば挫折や失敗の経験などは、きれいさっぱり忘れてしまったほうがよい。こんなふうに考えている人が多いと思います。

人間はなまじすぐれた記憶力をもっているため、つい過去にこだわってしまいます。

でも、いいことも悪いことも含め、過去とはあまりつきあわないほうがいいようです。

なぜかというと、人間はそう都合よく過去を思い出せるものではないからです。それに、過去に意識がいく時というのは、たいがい今に問題があるもの。

作家のヘンリー・ミラーは、過去について、こんなことを言っています。

「過去にしがみついて前進するのは、鉄球のついた鎖を引き摺《ず》って歩くようなものだ」

例えば、過去に裕福な家庭で育った人が今貧しい暮らしをしていると、昔を懐かしがる傾向が強い。でもそれは、現在の不満の手伝いをするだけで、幸運を運んできてくれるわけではありません。

では、過去が貧しくて、今が裕福だったらどうでしょうか。これは往々《おうおう》にしてコンプレックスの引き金になります。過去も現在もどちらも豊かな人に対して、敗北感を抱いてしまうからです。

ですから、ツキを呼び込みたかったら、過去がどうあれ、キッパリ決別してしまうほうがいい。**人の生きる土俵《どひょう》は「今」しかない**のですから、その今が色あせるようなことはしないほうがいいに決まっています。

ツイている人たちには「過去にはこだわらない」という共通項があります。なぜかというと、今が楽しくて、充実していて、過去を振り返っている暇なんかないからです。どうせなら、こちらを見習ったほうがいいのではないでしょうか。

『心の法則』という名著を著したC・トーチェ博士が、「今」の大切さについてこんなことを言っています。

「幸せというのは、ほしいものを得たり、なりたいものになったり、したいことをすることからくるのではなく、今得ているもの、今ある自分、今していることをあなたが好きになることから生まれてくる」

17 いつも明るく前向きの姿勢

イギリスの作家コリン・ウィルソンは言いました。

「町中で雨に降られたり、小石につまずいたり、電車に乗り遅れたりすると、『ツイてないな』とイヤな気持ちになるが、そういうことがまったく起きなくても『ツイている』と明るい気持ちにはなれない。感情というのはすごく意地悪なものだ」

皆さんも思い当たることがあると思います。お天気がいいだけでも気分が明るくなるものですが、お天気がいくらよくても、悩みが一つあるだけで明るい気分にはなれません。感情というのは、よくないほうに敏感で、よいことは「当たり前」と思ってしまうことが多いからです。

でもツイている人たちの感情の反応は、普通とは違っていて、こうした時、よくないことに敏感になるのではなく、よい気分になれるほうに感情を働かせることができるのです。だから、人生は山あり谷ありなのに、いつも明るく前向きな姿勢でいられるのです。

では、どうすればよい気分になるほうへ感情を働かせることができるのでしょう。それにはまず**「感情はとかく意地悪な見方をするものなんだ」としっかり自覚すること**です。

私たちはいつも心地よくしていたい、楽しくしていたい、喜びたいという気持ちをもっていますが、感情はそういう自分の気持ちに反して、マイナスの気分を醸《かも》し出そうとします。

それに対抗するには、〈感情任せ〉にしないで、自分の中で習慣になっている感情の流れに逆らってみることです。

例えば損得の問題。誰だって他人の利益よりも自分の利益を優先します。人に何かをしてあげるにしても「まず自分が先」と考える。この考えの感情が出てきますが、そんな時は思い切って「他人を先」にしてみるのです。

また、誰だって人にやさしくしてあげたいという気持ちをもっています。しかし、その相手から悪口を言われたら、怒りの感情が先に出てしまいます。でも、その時、怒るのではなく「自分のために言ってくれた」と解釈する。そういうクセをつけるのです。

最初は難しいかもしれませんが、意識して続けていると、自然にそれが普通になってきます。

18 他人はすべて〈味方〉と考える

人間の社会には競争がありますから、敵やライバルも存在します。しかし、それはゲームの中の「敵」のようなものであってほしい、と誰もが思うはずです。競争が終われば、お互いによき友、よき隣人であるという関係。こういう関係が理想的だと思います。

たしかに現実の世の中では、相手を徹底的に追いつめたり滅ぼしたりするような過酷な敵対関係もあります。でも幸運をつかむためには、「他人はすべて自分の味方」という生き方をしたほうが、はるかに得策なのです。

人間関係には鏡のようなところがあって、「相手の態度はこちらの考えや態度の反映」ということが多い。こちらが「敵かな」と思うと、相手もそう思い、こちらが「いい人だ」と思っていると、向こうもいい印象をもってくれます。

こういう話があります。地方のある警察署で、上級幹部と直属の部下一人が、不祥事の責任をかぶる形で免職処分を受けました。以下は両者共通の友人だった人が語った二人のその後の人生の結末です。

上級幹部だった人は、「世間は冷たい、誰一人訪ねてくる者もいない」「町の人間はみんな恩知らずだ」と愚痴と怒りの日々を過ごし、そのまま亡くなりました。これに対して部下だった人のほうは、町の有志の支援を得て事業を興《おこ》し、大成功したといいます。

同じ不運な目に遭いながら、その後たどった人生には天地ほどの開きが出てしまいました。その原因は一体何だったのでしょうか。共通の友人はこう語っています。

「上級幹部は現役時代、地位にあぐらをかき、部下には命令、上役には服従のみという態度だった」。そういう人でしたから、高い地位から滑り落ちても、誰も同情しないばかりか近づこうともしなかったのです。

一方、「部下のほうは人情に厚い人で、捕まえた泥棒の家族の面倒を見たりもして、町の子どもたちにも好かれていました」。だから彼が人生のピンチに陥った時、みんなが味方をしてくれたのです。

運の多くは人間関係から生まれますから、**よい人間関係からは幸運が、よくない人間関係からはよくない運が生じてくる**のは当然です。

こう考えてくると、幸運をつかまえるには、日頃からよい人間関係を築いておく必要がありそうです。そのためには「この人は敵か味方か」などと考えるより、「すべての人は自分の味方」と思ったほうがいい。そうすると、確実に味方してくれる人が増えてきます。

また、自分の気持ちのうえでも、「みんなが味方」と思っていたほうが心が安らいで、よけいなストレスを感じないですむし、自然に人柄もよくなって、人から愛されます。

運というのは、それがよい運でも悪い運でも、絶え間なく私たちのまわりを取り囲んでいます。その中から幸運をつかむには、それにふさわしい準備が必要なのです。

だからといって、幸運をつかむ準備はハイキングの準備と違って雲をつかむようなところがある。どうすればよいかはっきりとはわからないところがあります。ツイている人を見ていると、人柄面で共通するのは、誰からも悪い印象を抱かれていないこと。

そういう人間になるためには「みんな自分の味方」と思って生きるに限ります。幸運を逃さない準備としてこれに勝《まさ》るものはありません。

よい言葉はよい人生をつくり、
悪い言葉は悪い人生をつくる。

19 好ましい〈自己像〉をもつ

運を味方につけるには、好ましい〈自己像〉をもつことが大切です。自己像とは「自分はこういう人間だ」というイメージのこと。自分で描くものですから、他人が抱く印象とは違うかもしれませんが、そんな違いは気にする必要はありません。大切なのは「好ましいもの」であることです。

例えば、自分のことを「人より能力的に劣っている」とか「人から愛されない」「つまらない人間だ」などと思っているのはよくない。そういう自己像はもってはいけません。

特別すぐれている必要はありませんが、自分自身で考えて「この人とつきあってみたいな」と思える程度の好ましさが必要です。

なぜかというと、自己像のよい人は、自分の心にいつもよいメッセージを送ることができるからです。

アメリカで語り継がれている、次のような話があります。

「自分は人より能力がひどく劣っている」と、思いきりマイナスの自己像を抱いていたセールスマンがいました。彼の営業成績は描いていた通りにサエないものでした。

その彼がある日、セールスで一軒の家を訪ねると、出てきたのはなんと「セールスの達人」として知られたポール・マイヤーだったのです。そうとは知らない彼が玄関口でセールスの口上《こうじょう》を述べ始めると、マイヤーは彼を邸内に招き入れ、自身の洋服を出してきて彼の身なりを整えさせました。

それから外に出ると、高級車のそばに立たせてポラロイドで写真を一枚撮《と》り、彼に見せながらこう言ったのです。

「この写真のあなたこそ、本当のあなたの姿なんです。この姿にふさわしい行動をするように心がけなさい。そうすればあなたは必ず成功しますよ」

数年経って再びマイヤーの家を訪れた時、彼はトップセールスマンになっていました。以前の自信のないサエない自分を、自信に満ちた自己像に変えることによって、彼は幸運と成功を手に入れたのです。

このエピソードには学ぶべきポイントが二つあります。

一つは、「自分で思い描く自己像は、自分で自由に描いていい」ということ。人は自画像を描く時、誰もが少しずつ修正を加えて、「こうありたい」という姿に描きます。自己像もこれと同じでいいのです。

もう一つは、「現実の人生は、自己像に左右される」ということです。同じ人間が自己像を変えることで、まったく別人のように変身します。ここからわかるのは、自分のよい点を見つけて「自分はこういう人間だ」と思ったほうがいいということです。

人間ですから誰でもよい面と悪い面をもっています。でも**大事なのは「よい自己像」をもつこと。悪い自己像のほうは無視していい**のです。

運はいつもあなたの味方をしようと、すぐそばまできているのです。

その運が幸運だったり不運だったりするのは、自己像の違いによります。

よい自己像をもてると、考え方も行動も変わってきて、それまで逃げていた運をしっかりとつかまえられるようになります。その時に注意すべきことは、よい自己像が得られたら、それを維持しながら、磨きをかける努力を怠らないことです。

ただ、まったく現実とかけ離れた自己像では長続きしません。自分が「こうありたい」と思った自己像が現実とズレていたら、ズレをなくす努力も必要ということです。

現実の人生は、
自分で自由に描いた
〈自己像〉に左右される。

20 何事も機敏に対応する

「チャンスになかなか巡り会えない」と嘆く人がよくいます。でもチャンスというのは、誰にでも日常的に訪れているものです。チャンスに巡り会えないという人は、巡り会えないのではなく、せっかくのチャンスをいつも取り逃がしているのです。

その理由の大半は、「対応が遅い」からです。ツイている人は、みんな対応が速い。チャンスに気づくと、機敏に迅速《じんそく》に行動し、そのチャンスを確実にものにします。

例えば「仕事」。そもそも一人ひとりの能力差など知れたものです。デキる人、ツイている人とそうでない人の差はただ一点、「仕事処理のスピード」にあります。

以前、こんな経験を語ってくれた青年がいました。彼がある有名企業のやり手社長に面会した時のことです。彼はある人物にどうしても会いたくて、その人物と親しい社長に自分を紹介してもらおうとお願いしに行ったのでした。

事情を聞いた社長は、快《こころよ》く引き受けてくれたばかりか、その場で相手に電話をかけ、青年が会う日取り、場所まで決めてしまったそうです。「実は僕は紹介状を書いてもらうつもりだったんです」。そう言って彼は自分の悠長《ゆうちょう》さを恥じていました。

また、アメリカの映画都市ハリウッドに、こんな伝説があります。

B級映画でしか主役の張れない男優がいました。自分のランクアップを切実に願い、チャンスをうかがっていた彼は、ある時、フットボール選手を主役にした大作映画の企画が進んでいることを知ります。でも彼が知った時には、もう多数の男優がカメラテストを受け、プロデューサーは主役候補を絞りこんでいるという噂でした。

彼もカメラテストを受けますが、プロデューサーは興味を示してくれません。どうしてもメジャークラスで主役を演じたい彼は、テストの最中に自宅へ飛んで帰って、自分がフットボール選手だった大学時代の写真を持ってきてプロデューサーに見せたのです。

この機敏な行動が功を奏して主役を勝ち取った彼は、晴れてメジャーな俳優になれたのでした。

後に「あのテストにパスしたことが私の道をひらいてくれた」と述懐したこの俳優、元アメリカ大統領、ロナルド・レーガンその人です。

素早い決断、機敏な行動は、行き詰まった現状を変えてくれるだけでなく、思いがけないチャンスに巡り会うきっかけにもなるのです。

「今できない理由」を数え上げている暇があるのなら動きましょう。準備不足でも、行動したほうが道は必ずひらけます。

21「感謝するクセ」をつける

人から何かしてもらって、「ありがとう」を言わない人は滅多にいません。人とのつきあいの常識として、みんな一日に何回かは、感謝の言葉「ありがとう」を口にしているはずです。

でも、深い悩みを抱えていたり、体調が悪かったり、悲しかったり、腹立たしいことがあったような時、ついうっかり言わないですませてしまうこともあるのでは？

「感謝する材料があったから、感謝する」「材料がない時は感謝しない」という態度では、幸運を引き寄せることはできません。

実際、ツイている人たちは、みんな「ありがとう」「ありがとう」と言いながら暮らしているものです。朝目覚めたら「生きていること」に感謝。苦難が襲ってきたら「試練に耐えるよいチャンス」と感謝。人から悪口を言われても「勉強になります」と感謝してしまいます。それは感謝することが、自分にとって〈どれだけプラスになるか〉を彼らがよく理解しているからなのです。

感謝しているあいだは不快さも腹立たしさも消えて、心を平静に保っていられます。

感謝されてイヤな気分になる人はいません。いつでも人をいい気持ちにしてあげることができます。また、**感謝するクセを身につけると、今まで見えなかったものが見えてくるようになる**のです。

例えば、今、自分がこうして生きていられるのは、大勢の人々や自然の営《いとな》みに支えられているんだ……そういう気づきは感謝の連鎖を生じさせます。

感謝の連鎖が起きると、見るもの、聞くもの、触れるもの、あらゆるものに感謝の気持ちがわいてきて、心が癒され邪気がなくなる。幸運を招くうえで、これ以上のよい状態はありません。

心が癒され邪気が消えているかどうかを試してみる方法があります。道端に寝そべっている犬の近くを歩いてみるのです。または猫が向こうからやってきたら、猫が自分にどういう態度を取るか観察してみるのです。あらゆるものに感謝できるような心の状態の時、犬や猫はあなたにまったく無警戒なはずです。

普段から「自分はよい運に恵まれてないな」と感じている人は、自分が毎日どれだけ感謝しているか点検してみてください。

感謝は、いくらしても「しすぎる」ということはありません。すればするほど幸運を引き寄せるオーラが出てくるのです。

22 ギブ＆ギブの精神で接する

「悪意はないのにすぐに誤解されてしまうのです」と訴える人がいます。

相手に誤解されたと感じる時、実はそれが誤解でないことも少なくありません。こちらの無意識の悪意(本音)が向こうに伝わっていることも考えられるからです。

「私にはどうしても許せない人間がいるのです」と言う人がいます。

そういう時は「人にはそれぞれうかがい知れない個々の事情があるんだ」と思うことです。そして、許せないという考えは忘れ、できる限り相手を理解しようと努めてください。

「いくら誠意を尽くしても人がついてきてくれない」と嘆く人がいます。

本当に誠意を尽くしたのに相手の反応がそうだとしたら、相手にこちらの真意が伝わっていないことになります。

しかし真の誠意は、相手の反応に関係なく行なわれるもの。対価を求めているとしたら、真の誠意とはいえません。

幸運も悪運も、その多くは人間関係を通じてもたらされます。だからこそ、人間関係のうまくいかない人はなかなか幸運に恵まれません。ツイている人というのは、みんな良好な人間関係を築いているものです。

しかし大切だとわかっていても、良好な人間関係を築くのは難しいことです。きっと、その理想は〈母子の関係〉だと思います。生まれたばかりの赤ちゃんとお母さんの関係を思い起こしてみてください。人間関係の基本は「ギブ&テイク」といわれますが、お母さんと赤ちゃんの関係は、「ギブ&ギブ」と「テイク&テイク」の組み合わせ。お母さんは何の見返りも求めず、ひたすら与え続ける。赤ちゃんはしてもらう一方です。

でもやがて、してもらう一方だった赤ちゃんも、かわいい寝顔やあどけない仕草、あるいはすくすく育つことで、お母さんに「育てる喜び」という最高のプレゼントをしてくれるようになります。

この両者の関係はギブ&テイクの発想からは出てきません。お母さんがギブ&ギブで接したことで、赤ちゃんもギブ&ギブで返している。そしてこの関係は大人になってからも通用します。真に良好な人間関係とは、双方のギブ&ギブなのです。

目先の見返りなんかにこだわらず、ギブ&ギブの精神で他人と接する。

「あなたの役に立ちたい」「あなたの喜ぶ顔が見たい」「あなたに協力したい」。

ツイている人たちは、他人に対してこのように接しているものなのです。

23 人をホメる

人を育てる時、「叱って育てる」と「ホメて育てる」という二つの方法があります。

学校や会社などが人を育成する時は、「叱る」場合も時には必要になると思いますが、やはり「ホメる」を主体にしたほうが正解でしょう。

なぜでしょうか。人はホメられると、断然その人に好感をもつようになるからです。

幸運を呼び寄せたいなら、人間関係を良好にすることですが、人に好かれたい、よい人間関係を築きたいと思うなら、人をホメるに限ります。

人間の好き嫌いの感情というのは結構複雑で、自分でも理由がよくわからないまま好きになったり嫌いになったりします。

でも、自分を認めてくれる人、敬意を抱いてくれる人、ホメてくれる人などに好意をもつ。これは、間違いのないところです。

「ホメる」は、その気にさえなれば、いつでもどこでも誰にでもできることです。それを知ってか知らずか、成功者や運のよい人は「ホメる」ことをみんな得意にしています。

よくホメる人は、相手から間違いなく好感をもたれます。好感をもたれれば「この人の役に立ってあげよう」「喜ばせてあげたい」と相手は思うようになります。

そういう人が多ければ多いほど、運をひらくチャンスは広がっていきます。

「ムリしてホメるのはお世辞と変わらない」と言う人もいますが、お世辞とわかっていても、ホメられて悪い気はしないもの。

幸運に恵まれたいなら、思いっきり他人をホメてみてはいかがでしょう。

人をホメて損することは一つもないのですから。

24 逃げずに立ち向かっていく

ポール・マイヤーは、〈セールスの神様〉といわれ、新しい成功理論を打ち立て、巨万の富を得たアメリカでも代表的な成功者の一人です。その彼にこんなエピソードがあります。

ある時ポール・マイヤーが関係している会社が、彼の友人の不祥事によって、多額の負債を抱えたまま倒産の危機に見舞われてしまったのです。

でも、この件でポール・マイヤーには何の落ち度もなく、会社の弁護士は「あなたはこの会社を出ていくだけでいいんですよ」と言いました。

彼は弁護士にこう尋ねました。

「もし、私が会社に残って再建に協力するとしたら、どういうことになりますか」

「たぶん、あなたは破産するでしょう。それに、もしあなたがそうしても誰からも尊敬されないでしょうね」

そして彼は答えました。

「わかりました。私は会社に残ります」

なぜ彼はこんな行動に出たのか。それは、自らが面接して雇用し、訓練を施した人たちがまだ大勢その会社で働いていたからです。彼は、自分だけ逃げることを潔《いさぎよ》しとしなかったのです。

そして彼は資産のすべてを売り払い、十八カ月間無償で働き、辞めさせられた従業員の再雇用の手伝いまでして、この難局を乗り切りました。

この姿を見て周囲の人は彼を高く評価し、彼の再起のために協力を申し出てきました。本当の意味で、彼が人生の上昇気流に乗ったのはそれからでした。

誰もが自分の中に、自らの成長を止める心の壁をもっているものです。何か行動をしようとすると、心にブレーキがかかり行動に移れない。そういう壁があります。

「こうしたい」と心では思いながら、それをさせない心の壁とは一体何なのでしょうか。それは「自己中心的な考え方」だと思います。

自分の幸せ、自分の利益の追求が一番の関心事になっている。時に私たちが「こうしたい」と心で願いながらも、そうしないのは、この見えない心の壁のせいなのです。

自己中心的な考え方が強く出てくると、損したり苦しそうなことから逃げ出そうとします。そういう弱さが表に出てくるのです。

でも、多くの成功者や幸運を味方につけたような人は、むしろ逆で、彼らのほとんどが他者中心的な考え方を強くもっていました。

自分のことを先に考えると、人は楽なほうを選びがちになります。逃げたほうが楽なら逃げたくなる。でも、それでは幸運はつかめません。逃げる姿勢は、事態を悪化させることはあっても、好転させることはないのです。

むしろ、人が逃げ出すようなことも引き受けるタイプが幸運に恵まれやすい。

〈幸福な偶然《セレンディピティ》〉は、見た目は幸せでない状況や境遇の中に隠れているからです。

前述したように幸運はしばしば不運の衣装をまとって訪れます。

いつも注意深く不運を避けようとする人は、結局のところ幸運をも避けていることになります。ですから、どんな苦境でも決して逃げることなく、立ち向かっていく勇気とは、幸運を手に入れるために欠かせない資質なのです。

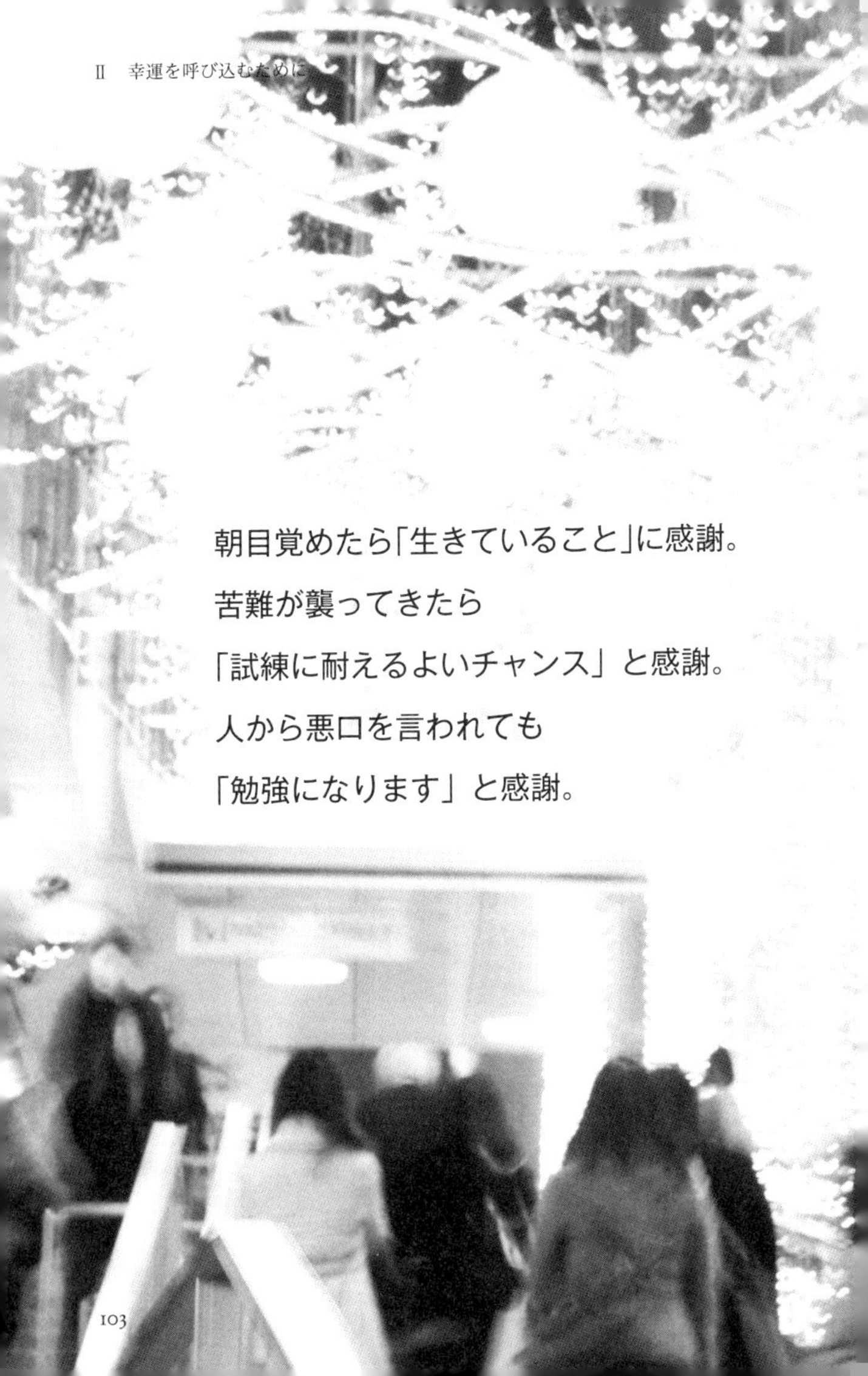

朝目覚めたら「生きていること」に感謝。
苦難が襲ってきたら
「試練に耐えるよいチャンス」と感謝。
人から悪口を言われても
「勉強になります」と感謝。

25 失敗にメゲない考え方

行動にブレーキをかけるのが〈失敗への恐怖〉です。では、人はなぜ失敗を恐れるのでしょうか。それも必要以上に。ほとんどの場合、命をとられることもないのに。

それは、「失敗とは何か」ということを正しく理解していないからです。失敗を「困ったこと」とか「イヤなこと」「恥ずかしいこと」と思っていては、いつまで経っても失敗の本質はつかめません。

失敗とは、成功の途中で起きる「プロセス・ミス」、そう考えてみませんか。

例えば目的地に向かって船が航行しています。その時航路から外れたら小さな失敗といえます。でも、それに気がつけば修正できます。気づかなければ大事になりますが、早く気づけば「よかったね」ですみます。ほとんどの失敗はこのようなものなのです。

一番の問題は小さなミスの段階で「ああ、失敗した」とあきらめてしまうことです。あきらめなければいいのに、早々とあきらめてしまうから、些細《ささい》なミスも失敗になってしまうのです。

また、失敗したからといってガッカリしないこと。イギリスの劇作家サウザーンはこう言いました。

「失敗は落胆の原因でなく、新鮮な刺激である」

もちろん、行動すればするほど、失敗の機会は増えていきます。でも、失敗を恐れて行動しない人は、失敗しないために生きているようなもの。そんな人生では、楽しくもなんともありません。**「失敗しない者はついに何事もなしえない」**という言葉があるように、失敗しない人には成功もありません。多くの成功者は、山ほど失敗をして、失敗の山の中から〈幸福な偶然〉という宝物を見つけた人なのです。

また、一つの失敗が、後の成功や幸運のきっかけになることはとても多いものです。だから失敗や挫折を否定的に受けとめてはいけないのです。否定的に受けとめれば、それを避けようとして行動が消極的になり、〈幸福な偶然〉からどんどん遠のいてしまいます。

「私の現在が成功というなら、私の過去はみんな失敗が土台づくりをしていることになる。仕事はぜんぶ失敗の連続である」

世界のホンダを築いた本田宗一郎さんの言葉。失敗への考え方はこれに尽きます。

成功者は誰もが豊富な失敗経験をもっているということを思い起こし、積極的に行動しましょう。

26 運のいい人の真似をする

運をよくしたいなら、「自分もこんな運のいい人になりたい」と思える幸運な人を見つけて、その人のライフスタイルを真似てみましょう。

中には「真似るよりも、うまくいくためのコツを教わったほうが早いのでは？」と考える人がいるかもしれません。

たしかに聞いて教わるのは効率がいいかもしれません。でも、それではわかったような気になってしまい、本質を理解できないままになることが多いのです。それに、どうしても教わると「受け身」の姿勢になってしまいます。

そこへいくと真似るのは受け身ではありません。自分から進んで取り入れようとする気持ちが最初からあります。当然、そこには必死の観察力が働きます。その真剣さが、教わるよりもよい効果をもたらしてくれるのです。

まず、「自分もあの人のようになりたい」という人を見つけることです。

そういう人が見つかったら、次にその人の外見を真似てみてください。

外見というのは、髪形、服装、歩き方、しゃべり方、人との接し方など……です。

その人の外見を真似るのは、その人の生き方、ライフスタイルを真似することで、その考え方や行動力を体で覚えるためです。

いくら説明を聞いて頭で理解しても、いざ行動となるとなかなかうまくいかないもの。それよりも、その人の歩んだ道筋を同じようにたどればコツの飲み込みが早いのです。

稽古事ではよく「型から入れ」と言います。理屈がわからなくても、「見よう見真似」で続けたほうが、早くコツがつかめるのです。

現代人は理屈から入る人が多いようですが、真似をするのに理屈はいらない。

早くあなたにとって理想の「運のいい人」を見つけて、その人の真似をしてみてください。

27 どんなことも楽しくやる

ツキを呼ぶための第一歩。それは「何事も自分から進んでやってみる」ことです。同じことをするのでも、自主性をもってやると、心持ちや気分がガラッと違ってきます。楽しくなってきます。受け身では、この楽しみはなかなか見つけられません。

例えば、子どもの頃、親から「勉強しなさい」と言われてイヤイヤする時は、少しも楽しくなかったはずです。それが大人になってから、テレビ講座や語学塾などで改めて〈英語〉を学んでみると結構楽しい。「子どもの頃に、この楽しさを知ってればねェ」と残念がる大人は少なくありません。

勉強をよくする子というのは、早くから〈勉強の楽しみ〉を知っているのです。これは仕事でも同じです。

スイスの哲学者ヒルティが「とにかく始めてみること。感興《かんきょう》(面白さ)は取り組んでいるうちに、自然にわいてくるものだ」と言っていますが、**どんなことも自分から進んでやるクセをつけると、楽しくなってくる**ものなのです。

それでも、「したくないこと」もあるでしょう。ツキを呼びたいなら、大切なことは「イヤイヤしない」ことです。ですから、イヤな気持ちでするくらいなら「しないほうがいい」と割り切ることも時には必要です。

それでも私は、創意工夫をこらせば、ほとんどの場合、楽しさを見つけることはできると思います。

「板前修業を始めた時、最初は皿洗いばっかりやらされていました。仲間たちは早く料理の修業を始めたいとブツブツ文句ばかり。私は一分間で何枚洗えるかゲーム感覚でやったので、結構楽しんでいましたね」

有名なレストランチェーンのオーナーの言葉です。

「したくないこと」を楽しくするためには、このようにゲーム感覚で始めるのも一つの方法でしょう。

このコツを覚えると、どんなことでも前向きで楽しくやれるようになります。

そして楽しんでやっていると、ツキは巡ってくるものなのです。

28 〈その気〉になって取り組んでみる

「こうなりたい」と思う自分の姿が見えているなら、先手を打って、すでに「自分はもうそうなったのだ」という気持ちで行動してみませんか。これを「つもり行動」といいます。

今がどうあれ、起業家になりたいなら起業家になったつもりで、お金持ちになりたいならお金持ちになったつもりで発想し、行動してみるのです。

そうすると何が変わってくるでしょうか。まず相手に与える印象が違ってきます。起業家でないのに起業家に見え、お金持ちでないのにお金持ちらしく見えてきます。

それらしい印象を周囲に与えると、周りの人はあなたをそれにふさわしいように扱ってくれるようになります。そうすると、自分自身もその気になって、自信がもてるようになります。自信がもてると、自然にそれに見合った人間に変化していく。この状態が幸運を呼ぶきっかけをつくってくれるのです。

こんな話があります。ある学校に高名な大学の研究チームがやってきて、生徒に知能テストを行ないました。その場ですぐに採点して成績優秀者数名を発表し「半年後にまたテストをします」と言って帰って行きました。

半年後、再び現れた研究チームが、前のテストで成績優秀者に名指しされた人の成績の変化を学校側に尋ねると、成績がグンと伸びていました。

当たり前のことのようですが、このテストには実はとんでもないカラクリがあったのです。先のテストで成績優秀者として名指しされた生徒たちは、成績優秀でも何でもなかった。研究チームが「無作為に選んだ生徒たち」だったのです。

にもかかわらず、それぞれが成績を向上させたのはなぜでしょうか。

まず、名指しされた生徒を見る周囲の目が違ってきます。それから本人も「自分は優秀なんだ」と自信をもつようになります。いくら**事実に反していても、周**

囲も本人もそう思うようになれば、本人の発想も行動もそれらしいものになっていくものです。

そして半年の間そう信じて行動していたら、本当に成績が上がってしまったのです。

ですから、自分が不本意な状態にある時も、「こうであったらいいな」と思える自分の姿を想像して、すでにそのような自分になったように行動してみること。

そのつもりで発想し、行動を繰り返していると、知らず知らずにそういう自分になっていくものなのです。

29 〈他人の利益〉を先に考える

「自分にはツキがない」「どうも運が悪い」と感じている人は、自分がトクすることを考える前に、他人の利益を優先させてみてはいかがでしょうか。

「他人のために尽くすのはいいことだ」と誰もが思っていても、なかなかそれが実行できないのは、「まず自分を先に」と考えてしまうからです。

「自分が食べられないで、人を助けるなんてできない」

「自分に余裕がないのに、人にお金を貸すなんて」

この考え方は決して間違ってはいませんが、大切なものを見落としています。

他人の利益を図ることは、他人のためではなく〈自分のため〉だということです。

普通に考えれば、「他人」は「自分」の次にきます。まず自分がよくなって、次に他人のことを考えるでしょう。

「それのどこがいけないの？」と思われる人が多いと思いますが、よく考えてみてください。「自分がよくなったら、あなたにもよくしてあげるわ」。この約束くらいアテにならないものはないと思いませんか。

人間には欲がありますから、少しくらい自分がよくなっても「まだ、まだ」「もっと、もっと」となって〈他人のため〉はどんどん先送りしてしまいます。つまり「自分の次が他人」というのは、結局のところ「人のことは考えない」に限りなく近い考え方なのです。

だから、もしもほんのちょっとでも「他人にもよくなってもらいたいな」と思う気持ちがあるのでしたら、そちらを優先すること。そのほうが絶対に自分にとってもトクなのです。

この不思議な原理を、ベンサムというイギリスの哲学者がこんな言葉で説明してくれています。

「我々は他人を幸福にしてやるのに比例して、それだけ自分の幸福も増すものである」

「それはわかるけど、実行するのが難しい」。中にはこう感じている人も少なくないでしょう。せっかく運をよくする考えを身につけていながら、それを行動に移せない人には共通する欠点があります。

それは性急に「見返り」を求めてしまうことです。**「見返りなんかいらない」「損してもいい」くらいの気持ちでしてあげている人にこそ、びっくりするような運は巡ってくる**のです。

30〈強運な人〉のそばにいる

運のよい人のまわりには、不思議に同じようによい運をもっている人が集まってくるものです。そういう人たちはお互いが影響し合って、ますます幸運の磁場《じば》を強めていく。そのそばにいるだけで、あなたにもよい運が巡ってくることになります。

ですから、とりあえず「あの人は今ツイてるな」という人に近づくことから始めてみましょう。例えば、こんな人たちです。

○いつも楽しげに仕事をし、順調に運んでいる人
○良縁に恵まれ幸せに暮らしている人
○周辺でよい出来事が次々と発生している人
○いつもニコニコ元気いっぱいの人

○夢や目標をいっぱい語れる行動的な人
○人間関係が非常に良好な人
　といっても、ツキには循環性があり、どういう形で現れるか判断しにくいもの。そこで、逆に「ツキに見放されるタイプ」の共通点を知り、そういう人たちに近づかないようにするのも方法です。
○悔やむ人
○思い悩むことが多い人
○迷ってなかなか決断できない人
○負けグセがついた人
○偏差値秀才&小才子《こざいし》型の人
○自分が嫌いな人
　こういうタイプは、なかなかツキが巡ってこない人です。
　才能や技能、努力や忍耐だけでは運は開けてきません。恵まれた才能をもちながら花を咲かせられない人、いくら努力しても結果の出せない人は、運が味方をしてくれていないのです。

そういう人は運をもった人との出会いが必要です。成功者には師と呼べる存在、あるいは人生の転換点になった特別の人との出会いがあるもの。

運の流れに乗るには、乗っている人に手を引いてもらうのが一番なのです。

31 謙虚さを忘れない

何かですばらしい結果を出したり、人から賞賛されるような偉業をなし遂げた時、人は得意になったり、有頂天《うちょうてん》になるものです。そしていつのまにか、うぬぼれたり、思い上がったり、傲慢《ごうまん》になる人もいます。「あの人は変わった。昔はあんな人ではなかったのに」。人からこんな陰口をたたかれたりもすることも。

このこと自体は、まあ「人間らしさ」と見ることもできます。でも、そのことで運が逃げていくとしたらどうでしょう。せっかくつかんだ**幸運を失う最大の原因は、傲慢、思い上がりにある**のです。

では、運を逃さないためにはどうしたらいいでしょうか。それは「謙虚さ」を忘れないことです。謙虚とは、控え目で素直なこと。どんな時も、この態度を保てばいいのです。

七福神の一人、恵比須《えびす》さん、あの恵比須さんの少し前屈《まえかが》みになった姿勢は「揖《ゆう》の姿勢」といいます。この姿勢は、自分はへりくだって相手に敬意を表す姿勢です。

なぜ恵比須さんはそんな姿勢をしているのかというと、この姿勢が幸運を呼ぶからなのです。「こういう姿勢であれば幸運は決して逃げない。いつでも私のようにニコニコしていられるよ」という意味なのだそうです。

ただ人は、わかっていても、つい忘れてしまうもの。

何かですごい幸運を手に入れて、その時は「なんて恵まれているのだろう」と神様に感謝し、「この気持ちは決して忘れまい」と思っても、時間が経つにつれて初心をどこかに置き忘れ、傲慢な態度になる。そして運に逃げられることになります。

それは、「心構え」というものへの対応を誤っているからです。心構えとは、心に決めた誓いや覚悟のことです。

普段から、私たちは「人の悪口は言わない」「人にはやさしくする」「仕事をがんばる」など、たくさんの心構えをもって生きています。

でも、多くの人が三日坊主で終わってしまっている。なぜそうなるのかというと、心構えは日を追ってレベルダウンしてしまうからです。

心構えというのは、「日々新た」でないとダメなのです。今日そう思ったら、明日も新たにそう思う。明後日も新たにそう思う。そうでなければ有効に機能しないのです。

謙虚であり続けたいなら、「謙虚になる」と日々新たに声に出してみましょう。そうすればあなたは、運を味方につけた人生を歩むことができるでしょう。

多くの成功者は、山ほど失敗をして、
失敗の山の中から〈幸福な偶然〉という
宝物を見つけた人なのです。

Ⅲ

〈幸福な偶然〉に出会うために

32「後悔」だけはしない

何かで失敗したような時、いつまでもクヨクヨ思い悩む人がいます。

「あのひと言、言わなければよかった……」

「あの時、こうしておけばよかった……」

やりきれない気持ちになるだけだとわかっているのに、つい私たちは、このように後悔するような言動をしてしまいがちです。それに間違えない人間、失敗しない人間はいませんから、私たちは後悔する材料には事欠きません。

「後悔したって別にいいじゃない」と考える人も結構います。後悔する感情には、どこか甘美《かんび》なところがあるらしく、「別に嫌いじゃない」と思っている人もいるからです。

でも、それが大きな落とし穴。私たちは後悔をわりと軽く考えがちですが、それは想像以上に人生に深刻な悪影響を与えるものなのです。

ドイツの物理学者、リヒテンベルクは、次のように言っています。

「『こういうふうにすることもできただろうに』と思い悩むことは、人間のするこ
とのうちで最悪のことである」

後悔とよく似た言葉に「反省」がありますが、こちらは「なぜ失敗したのだろう」と批判と学習の精神があるので、次に役立ちます。

後悔がいけないのは、「甘え」が姿を変えたものだからです。後悔している自分を自分で慰《なぐさ》めている。この態度は決して人を幸せにしないし、成長させてもくれません。

それどころか後悔する人は、また同じことを繰り返します。そうして繰り返したことは、より悪い方向へ進んでいく。そうなるともう、容易なことでは最初の地点にさえ引き返してこられなくなります。

何度も同じ過ちを繰り返す人を見ていると、後悔の言葉を実に簡単に口にして

います。口にすることで「ちゃんとわかっている」と言いたいのでしょう。

物事を、「まずい」とわかっていてするのは、わかっていなくてするより悪いことだと思いますが、自分を甘やかすタイプは、そうは考えません。「わかっている」ことを事前の言い訳にして、同じことを繰り返すのです。

〈幸福な偶然《セレンディピティ》〉に出会う人は後悔とは無縁です。

結果がよくない時、失敗した時でも、彼らは「潔さ」と「強さ」を発揮します。この二つが、不運や逆境にありながら、メゲずに明るくがんばる態度につながっていくのです。

33 失敗のすすめ

失敗って、実は〈素敵な体験〉なのかもしれない。私は最近、そう思うようになりました。なぜなら、成功者の話をうかがっていると、失敗話のほうが圧倒的に多いからです。

私の知る限り、失敗なしに成功した人など一人もいません。しかも、彼らが「失敗話」をする時のいきいきした様子。失敗を楽しんでいるとしか思えないほどです。

彼らが失敗話をいきいき語るのには、ちゃんと理由があります。ほとんどの人が、立ちはだかる大きな壁やさまざまな困難の中で懸命に努力している時に、〈幸福な偶然〉に出会っているからです。

あるＩＴ企業の社長さんは、創業三年で上場寸前までこぎつけたのに、幹事証券会社のアクシデントから上場不能に陥り、銀行の融資打ち切りも重なって、倒産の危機にさらされてしまいました。

今日潰れるか明日潰れるかという時、ダメモトで一通の企画書を投資顧問会社に提出したところ、なんと十五分で融資OK。息を吹き返し、それだけではなく、新企画のおかげで、以前にもまして会社は急成長を遂げたのです。

よい計画と信じて始めたことが、思いがけないアクシデントでうまくいかなくなったというケースはよくあります。この状態を「失敗」と見ることもできます。しかし、何かを試みれば困難に出会うのは避けられないこと。その時にあきらめないでがんばるか、「もうダメだ」とあきらめるかで、結果は大きく違ってきます。

失敗とは、途中であきらめることで生まれるものです。どんな計画でも成功するまであきらめなければ失敗はありません。成功者というのは、計画が実現するまで続けた人であり、彼らが語る失敗話とは、過程で生じたプロセス・ミスなのです。

たしかに、「もうダメかな」と断念したくなる大きな壁や困難もあります。でも、そういう時にこそ、不思議に幸運の女神はやってくるのです。

失敗してもメゲない人は、メゲないでいれば〈幸福な偶然〉に巡り会う可能性が大きいことを知っているからです。

失敗してもいい。大切なことはメゲないこと。メゲないでがんばれば、成功の機会はそれだけ増えてきます。

同じ失敗を繰り返すことだけ気をつけて、どんどん失敗してみてください。

34 幸運とリラックスの相性

かつて世界をビックリさせた大発見や大発明、あるいは快挙のきっかけを探ってみると、申し合わせたように「リラックス」と関係あることがわかります。以下にいくつか例を挙げてみましょう。

ダーウィンが進化論の本を書いている時、まったく筆が進まなくなったことがありました。数カ月、いくら頭をひねっても先へ進めない。この壁を突破できたのは、馬車で散歩していた時でした。後にダーウィンはその時のことを、こう述《じゅつ》懐《かい》しています。

「馬車の中から、ある景色を見たとたん、ひらめいた。今でも、その時見た景色はありありと覚えている」

発明王エジソンはアイデアに詰まると、ゴロッと横になって仮眠をとったといいます。寝入りばなや夢の中でアイデアが浮かんだ経験が、過去に何度もあったからです。

ある大企業の社長もこう言っていました。

「すばらしいアイデアというのは、気がかりなことがなく、心が自由に働いている時フッと浮かんでくることが多い。私の場合は髭《ひげ》を剃っている時とか車を運転している時、魚釣りをしている時が多かったね」

哲学者のラッセルはこう言っています。

「評論の原稿を書く時、一回突き詰めて考え、しばらく意識的にそのことを考えないようにする。それから取りかかると、スラスラと書けるんだ」

以下は、アメリカであった話です。

ルーレットで負け続けたギャンブル好きの社長さんが、不眠症、胃潰瘍に悩まされたうえ、会社も倒産の危機を迎え、カウンセラーのところへ相談に行きました。

カウンセラーはギャンブルの勝ち方まで関知しませんが、社長さんの話を聞いていてふとこんなひと言を漏《も》らしたのです。

「ルーレットが回り始めてから、やきもきしてどうするんです。そんなことは賭け金を置く前にしておくべきじゃありませんか」

言われた時は気にもとめなかった社長さん、カジノでルーレットをしている時、突然この言葉を思い出しました。「なるほどな」と思った社長さんは、「ルーレットが回り始めたら、心の負担になるようなことは一切思うまい」と決心しました。

その後、この社長さんはどうなったと思いますか？　ルーレットは連戦連勝、体もみるみる健康体になり、カンが冴え渡って本業のほうまでトントン拍子で運ぶようになったといいます。

まさにいいことずくめですが、こんなすごい幸運を「リラックスするだけ」で勝ち取ってしまったのですから、リラックス効果って本当にすごいと思います。

私たちの体の中には、幸運を引きつける磁石のようなものが備わっていて、リラックスがそれを作動させる。反対に不運を引きつける磁石のほうは、ストレスによって作動する。このことは、最近の脳研究からも明らかになっています。
ツイている人になるための玄関口は「リラックスにある」といっていいでしょう。

失敗してもいい。
大切なことはメゲないこと。
メゲないでがんばれば、
成功の機会はそれだけ増えてくる。

35 素直な心をもち続ける

運のよい人はほとんど例外なく、子どもらしい「素直な心」をもっています。高い地位にあっても、人を指導する立場でも、人に誇れる実績を挙げ尊敬を集めている人でも、あるいは卓越《たくえつ》した技能で他を圧倒しているような人でも、みんな驚くほど素直な心の持ち主なのです。

この素直さとは、まっすぐで純真な心のこと。**幸運をつかむには、素直さは最強の武器になる**のかもしれません。なぜなら物事を頭だけでなく、心で理解することができるからです。

少しの邪心《じゃしん》もなく、澄んだ心で対応する時に、物事の真実を見通す能力は発揮できるもの。子どもらしい素直な心をもっていると、それができるのです。

エゴグラムという自己発見テストによると、人間は五つの心をもっているそうです。

1、父親的な批判する心
2、母親的な思いやりの心
3、成熟した大人の知的な心
4、自由闊達《かったつ》な子どもの心
5、親に頼ろうとする子どもの心

この五つの心のどれが強いか弱いかで、その人の態度や行動が違ってくるわけですが、普通は大人になると、4の「自由闊達な子どもの心」が弱くなるといわれています。

でも、〈幸福な偶然〉に出会う人たちというのは、4の心が弱くなっていないのです。

ことさら人をうらやんだり、過度のコンプレックスを感じたりすることもなく、人のいうことにも先入観なく耳を傾ける。こういう態度を貫いていると、なぜか幸運が巡ってくることが多いのです。

皆さんも物事に取り組む時、他人と接する時、素直だった子ども時代に立ち返ってみてはいかがでしょう。「自分はもう大人の心に染まり過ぎていて……」という人には、次の方法がおすすめです。

○不快なことに時間を多く費《つい》やさない
○楽しい想像のクセをつける
○芸術・娯楽・スポーツを楽しむ
○楽しいことに貪欲《どんよく》になる
○好奇心をもったことをとことん追求する

36 困難にぶつかったら喜ぶ

テレビ番組などで成功者の人生の軌跡を追ったドキュメントを見ていると、何かを成し遂げた人は皆、たくさんの困難や障害を乗り越えてきたことがわかります。

何の見通しもないつらい状況で、挫《くじ》けずにがんばり続ける。すると思いがけない幸運に恵まれて……。やはり、がんばっている人には、天も味方してくれるようです。

でも、がんばっているその時は、先行きどうなるかわからないもの。

成功した人が、そうした夢も希望もない状態で、なおがんばれたのは、彼らがつらいその状態を「チャンスが姿を変えたものだ」と考えていたからでした。

「チャンスはすべての人に訪れるが、それをうまく活用する者は少数である」

という格言がありますが、チャンスというのは、チャンスどころかむしろ逆の姿、つらい試練や立ち塞《ふさ》がる大きな壁の姿をして現れるのです。だから、ほとんどの人がそれをチャンスと気づかず、そこから逃げ出してしまいます。では、チャンスを逃さないためには、どうしたらいいのでしょうか。

ここで石油王ロックフェラー（一世）が座右の銘にしていた「困難克服五カ条」を紹介しておきましょう。

1、明るさを失わない（暗くなったらメゲるだけです）

2、前向きに受けとめる（後ろを向いたら絶対逃げたくなります）

3、与えられた条件下で最善を尽くす（結果は問わなければいい）

4、励ましの言葉に耳を傾ける（これはすごく効きます）

5、否定的な言葉は無視する（これもすごく大切なこと）

もう一つ、ロックフェラーは、とても参考になることを言っています。

「私は災難が起きるたびに、結果的にそれがよかったといえるように努力してきた」

何かに一生懸命に取り組んでいる。状況は決してよくない。困難ばかりが後から後から押し寄せてくる。しかし、なぜか困難が苦にならず、前向きにがんばれる。そのうち、だんだん面白くなってきて「没頭する」という状態になる——。そういう時、周囲は「ムダな努力をしている」とか「徒労《とろう》に終わる」とか冷ややかな目で見つめているものですが、本人はそんな周囲の目も全然気にならないのです。

そのような状態で取り組んだ時、〈幸福な偶然〉は訪れるようです。

37 流行を追いかけない

日本人は「みんなと同じ」が大好きです。「みんなと同じだ」と思うとホッとする。流行を追うのもブランド品に憧れるのも、この気持ちの現れといってよいでしょう。

街に出ると、流行のブランドバッグを持った人が大勢います。「あ、あの人も私と同じバッグだ」と思うことが、イヤと思うどころか満足なのです。これは日本人が強くもっている「横並び意識」のせいと考えられます。

どんなことも「みんなと同じ」だと安心するというのは、仲良しの証明のようなものですから、あながち悪いとは思いません。でも、セレンディピティな人生をめざすなら、この考え方は改めたほうがいいでしょう。**〈幸福な偶然〉に出会えるのは、決して多数派の人たちではない**からです。

「みんなと同じでいい」という人は、平均値の人生を生きるしかありません。それでも「私は平均値でもいい」という人は、それがどんなものか知っておくとよいでしょう。

平均値の人生とは？　それを知るには「流行現象盛衰の法則」を知るのがわかりやすいので、以下にその説明をします。

社会学者ロジャースによれば、どんな流行現象も、その盛衰は次のような経過をたどります。

流行の始まりには、まず「先覚者」が登場します。先覚者とは創造者、流行になる現象をつくりだす人たちです。

先覚者が登場して世の中にある現象が現れると、いち早くそれに目をつけて取り入れる人たちがいます。いわば流行先取り人間。彼らを「初期適応者」と呼びます。

初期適応者が現れると、マスコミが注目し、世の中に広まっていく。そして次に登場するのが「追従者」。追従者が現れると、その現象は確実に流行現象になっていきます。

ロジャースはこの追従者を「前期追従者」と「後期追従者」の二つに分けて考えました。前期追従者が登場することで流行に火がつき、後期追従者の登場で流行は決定的なものになります。

そして最後に登場するのが、流行がピークを超えた頃に取り入れる人たちで、彼らは「遅滞者」と呼ばれる。遅滞者が現れると流行は終焉《しゅうえん》に向かいます。

これが流行現象の発生から終息までの一連の流れですが、ロジャースは先覚者と初期適応者は全体の二〇パーセント、追従者と遅滞者が全体の八〇パーセントを占めるといっています。

この理論でいくと、平均値に該当するのは、全体の八〇パーセントを占める追従者か遅滞者ということになります。彼らは、流行に参加することで「みんなと同じでいたい」という願望は満たされますが、それ以上でも以下でもない。そこにはセレンディピティの要素は何も見当たりません。

これに対して先覚者と初期適応者は、その流行から何らかの〈果実〉を手に入れられるといいます。先覚者は流行をつくりだした栄誉を、初期適応者は多くの場合、現実的な利益を手にします。つまり流行で儲けられるのです。

ですから、〈幸福な偶然〉に出会うには、先覚者か初期適応者になったほうがいい。

あと〈幸福な偶然〉を手にするのは、「流行に一切参加しない人」です。

つまり、「みんなと同じでなくても平気」と言っていられる人は、流行が過熱している時は、変人やへそ曲がりですが、そういうライフスタイルを貫ける人に幸運の女神は微笑むものなのです。

〈幸福な偶然〉に出会えるのは、決して
多数派の人たちではない。

38 行動の前に結果は考えない

どんなことも「行動」がなければ始まりません。それは誰もが知っているはずですが、それでも行動しない人が少なくありません。

なぜでしょうか。それは「あらかじめ結果を考えてしまう」からです。人は行動する前に「こうなるだろう」と予測をしますが、予測は七割方否定に傾くので、やめてしまうことが多いのです。

では、行動力をつけるにはどうしたらいいのでしょうか。それには「ためらわない」ことが一番大切です。何も考えないで思い切って行動に踏み切るのです。

何かを始めようとする時、完璧な結果を望んだり、失敗を避けようと意識したりすると、かえって結果はよくないものになります。だから行動する場合は、いつも楽な気持ちで取り組むことが肝心です。リラックスすることです。

もちろん一〇〇パーセントいい結果が得られる保証はありません。でも行動すると、思いがけない恩恵に与《あずか》れることが少なくないのです。

たとえ予測したことが不利な場合でも、そして実際に行動したら予測通り不利な展開になったとしても、行動したらその先に、必ず予測外のいいことが待っています。

だから**あれこれ考えるのではなく、「行動すると思いがけない喜びやチャンスに恵まれる」**と思うことです。

なぜそういえるのでしょうか。行動には連鎖性があるからです。

一つの行動が次の行動を呼び、その行動がまた次の行動を促す。だから人は行動し始めるとだんだん活性化してきます。

はじめは「気が進まない」という気持ちで始めたことも、やっていると面白さを感じるようになります。面白がってやっていると、結果もよいものになってきます。

「行動するためには、いかに多くのことに無知でなければならないか」

ヴァレリーという詩人の言葉ですが、実際に私たちは「知らなかったからできた。もし知っていたら絶対にやらなかっただろう」という経験を誰もがもっているはずです。

こういう話があります。

アメリカに留学した若い日本人研究者がいました。彼はうだつのあがらない大学教授のもとで助手をしていました。

ある時教授から研究テーマをもらいました。そのテーマに取り組んで数年経った頃、びっくりするような事実を知ります。

その研究テーマは過去に大勢の人が取り組んで、誰も成果の出せなかった超難関のテーマだったのです。

しかし、「今さら後戻りできない」と思った彼は、研究を続行、努力の甲斐あってついに世界的評価が得られる実績を上げることができたのです。

その研究者の名は村上和雄氏。ノーベル賞に最も近いといわれている遺伝子研究の第一人者です。

「もし、このテーマの過去の評判を知っていたら、決して取り組まなかっただろう」

これは彼の正直な感想でしょう。

ですから、事前に知り過ぎていたり、考えすぎたりしてはいけない場合が少なくないのです。行動派の人間のほうがいい結果を出せるのは、「結果を問わず最善の努力ができる」からだと思います。

〈幸福な偶然〉に巡り会うには、何はともあれ、ためらわずに「行動してみる」ことです。

たとえ予測したことが不利な場合でも、
そして実際に行動したら予測通り不利な展開に
なったとしても、行動したらその先に、
必ず予測外の〈いいこと〉が待っている。

39 行動を妨げる〈最大の敵〉

何か行動を起こそうとする時、ジャマをする一番大きな要素、それは周囲からの〈否定的な言葉〉です。

新しいチャレンジとか、すぐ成果が得られないことを始めようとすると、「やめたほうがいい」「失敗するよ」「ムダなことだ」といった否定的な言葉が必ず出てきます。

そういう言葉を聞くと、気持ちがグラつく人が圧倒的に多いものです。あなたも経験があるのではないでしょうか。

私たちは子どもの頃から「人のいうことをよく聞くように」と言われて育ってきたからです。内容にもよりますが、少なくとも「他人のいうことなんか聞かなくていい」という教育は受けていません。だから、他人から何かいわれると、私たちは本能的に耳を傾けてしまいます。

これは基本的には悪いことではありません。でも、〈幸福な偶然〉に出会うためには、少しばかり工夫が必要になってきます。

その工夫とは、「否定的な意見は聞き流してしまう」こと。聞かないのではなく、「聞き流す」というところにポイントがあります。つまり、頭から反対意見をはねつけるのではなく、一応参考意見として頭には留めておく、ということ。

なぜかというと、自分も疑問をもっていたような場合は、心の底で自分なりの方向転換の芽が用意されるからです。

聞き流し作戦で大きな成功を収めた実業家がいます。「均一セールの元祖」といわれるアメリカの実業家ウールワースという人です。

一介の小売商人だったウールワースが、自分のアイデアで最初の「価格均一店」を始めようとした時、周囲の人間はこぞって反対しました。

「そんな店、やってもダメだ。きっと失敗する」

彼は周囲の人間の言葉を無視して店を始めますが、結果はみんながいった通り失敗でした。

ここでキッパリあきらめる手もありましたが、彼はあきらめませんでした。なぜかというと、失敗の原因が、周囲の人間がいうのとは別のところにあると思ったからです。

つまり、失敗という結果は同じでも中身が違っていた。彼は自分の思い通りに出店を続け、だんだんと事業はうまくいくようになり、ついには全米に一〇〇〇店を超えるチェーン網を築くことに成功しました。

もし、周囲のいうことに従っていたら、彼が事業の成功をつかむことはなかったでしょう。

他人のアドバイスや否定的な言葉のすべてが役立たないわけではありませんが、**他人のいうことは所詮「常識の範囲」から出ていません**。過去の経験則から導き出されるような無難なことしか、他人は言ってくれないものです。

それに従っているようでは〈幸福な偶然〉には巡り会えません。新しい画期的な試みを実行しようというような時は、それはマイナスに働くことが多いのです。否定的な意見が間違っていると断言することはできませんが、〈幸福な偶然〉に巡り会う確率を高めるには、受け流すのが一番です。

「やめたほうがいい」

「失敗するよ」

「ムダなことだ」

さあ、あなたはどうしますか？

40 あえてゴールを設定しない

私たちが行動を起こす時、たいていは目標や目的をもって始めます。それほど意識しなくても、自然にそうなっています。

たしかに、明確な目標や到達点がある時は、それがない時よりも、数倍も数十倍もがんばれるものです。オリンピック選手が際《きわ》だってすごいのは、オリンピックという目標へ向かって努力をしてきたからでしょう。どんなに潜在能力があっても、目標がなかったら能力の半分も出せないはずです。人間は目標がはっきりしている時、活発に活動できるし、能力も存分に引き出されるのです。

しかし、〈幸福な偶然〉に出会いたいなら、こういう生き方は必ずしもいいことばかりではありません。一度は、「明確な目標は絶対必要」という考え方を見直してみることです。

登山は、特別の事情がない限り、みんな頂上をめざします。山に登ると、誰でも「せっかく来たんだから、頂上まで登ろう」と思うはずです。このように人は行動する時、ゴールを設定するのが普通です。やり遂げれば達成感が味わえるからです。

でも、**ゴールを設定するということは、それ以上を望まないこと**でもあります。つまり、ゴールは「限界を設ける」ことに通じるのです。どんなに高い目標であっても、これは変わりません。

〈幸福な偶然〉に出会いたい人にとって、こういう生き方は人生の可能性を狭めることになります。また、目標が固定されてしまうと、変化に対しても柔軟性がなくなってしまいます。

思い切って、「ゴールを設定しない行動パターン」を取り入れてみませんか。山に登っても、目的を頂上に定めず、そこに咲く花、そこに棲《す》む生き物たちを楽しむ――そのような生き方をしてみるのです。

「目標を決めないと行動しづらい」というのであれば、「方向性」だけを定めて行動するのでもいいでしょう。

「確固たる目標」ではなく、やや「ゆるやかな目標」に変えてみるのです。方向性さえ変えなければ、大きな不都合が生じることは少ないはず。それでいて〈幸福な偶然〉に出会う可能性はグンと高まります。

41「最初の印象」を優先させる

普段は気にとめていませんが、朝目覚めてから、夜眠りにつくまで、私たちは数えきれないほどの選択をしています。家を出る前には「何を着ていくか」。お昼になれば「何を食べようか」。仕事でも「誰に会うか」「何を先にやるか」を選択します。人と会話している時も、注意深く言葉を選んでいます。

人生とは「選択の連続」です。言い換えれば、選択の結果が人生を決定する。だから誰もが愚かな選択は避け、よい結果が得られるような選択をしたいと思います。

しかし、これが難しい。

では、〈幸福な偶然〉をつかむような人たちは、どんな選択をしているのでしょう。

「迷った時は、最初に感じたほうを選べ」

これは、「勝負の達人」といわれる桜井章一さんの言葉です。勝負の世界で数々の修羅場をくぐってきた経験から得た結論がこれなのです。その理由について桜井さんは著書『運に選ばれる人　選ばれない人』(東洋経済新報社)でこう述べています。

「何かを当てようと思う時は、ポンと感じたほうが当たります。最初に感じたものを選んでいくのです。気持ちが五分五分の状態にある時は最初に感じたことと、次に感じたことが交互に出てきます。そうこうしているうちにさらに多くの選択肢が出てきていっそう迷う羽目になります」

私たちがよく陥るのはこの状態です。この状態になると、どれも選びたいような選びたくないような気がして、こんがらがってくる。そういう時、原点に立ち返って最初に「これ！」と思ったものがいい、というのが桜井さんの考え方です。

「最初に感じたことには余計な考えが入っていないので、混じりけのない純粋な判断になるのです」

もちろん、時には間違えることもあるでしょう。でもそれは、感度の修錬で補えること。いつもこの態度で臨んでいれば感覚が磨かれて、正しく選択できる確率は高まります。

一番よくないのは、さっさと決められないこと。よく「慎重に熟慮して」と言う人がいます。でも、選択を迫られた時は「これ！」と速く決めたほうが、〈幸福な偶然〉を逃がさないためには有効なのです。

42〈比べる習慣〉をやめる

何でも他人と比較するのは悪いクセです。

「私のほうが成績がよかった」

「私のほうが恵まれている」

どんな事柄にも「上には上」「下には下」があるもの。下を見て優越感や勝利感を感じても、上を見れば劣等感や敗北感を味わわされます。

比べだしたらキリがない。キリがないことに関わり合いをもつと、人は心穏やかではいられなくなります。

日本人は他国の人と比べて、「世間体」を気にすることの多い国民です。世の中の多くの人と同じレベルになることを求めます。そのためには「平均値」が必要になります。そこで日本人は、あらゆることに対して「普通はどのくらい」という感覚を無意識にも求めてしまうのです。

イギリスの専業主婦で『なぜか「お金が貯まる人」の習慣』(ぶんか社)という本を書かれたエレン・ジェファーソンさんは、すぐに平均値を求めたがる日本人に対して次のような疑問を呈しておられます。

「『イギリスでは、普通はどうするのですか?』。日本では、よくこんな質問をされる。はじめは質問の意図がわからず、問われるたびに目を丸くしてしまった。私には平均像という発想がほとんどないのだ」

イギリスでは「人は人、自分は自分」という意識が強く、世間がどう見るかなどはほとんど気にしない、というのです。

世間体を気にしなければ「人と比べる」という気も起きてきません。

人と同じように……と考えるのがいけないわけではありませんが、比べるにはモノサシが必要になります。でも、モノサシで測れるのはモノサシの範囲内、限られた内容のものでしかありません。

他人と比べて満足している人は、知らず知らずのうちに狭い世界でしかものが見られなくなってしまいます。

そのことは、少なくとも〈幸福な偶然〉に出会うという点ではマイナスです。

43 損得抜きにして「夢中」になる

「リズム思考」という独特のツキの法則を提唱された杉尾常聖《じょうせい》博士が、『人生にツキを呼び込む大法則』（主婦の友社）という本で、次のような興味深い実例を挙げていました。

選挙に初めて立候補した〇候補者は、選挙戦終盤に来て、誰の目から見ても落選間違いなしの状況にありました。

「何とかなりませんか」。そういって訪れた〇候補者に杉尾博士は、ある神社の裏山で深夜に瞑想することを勧めたそうです。ワラをもつかむ気持ちだった〇候補は、選挙参謀が止めるのも聞かず、博士にいわれた通り、満潮時の深夜に夫婦揃ってそれを実行しました。

翌日からの〇候補は誰が見ても別人でした。遠慮がちだった選挙民へのそれまでの態度が、当選したい一心から強気一辺倒に変わったのです。「私を落選させるのは大変な損失ですよ」。こんな強気の発言も飛び出すようになりました。

そして、選挙結果はというと、誰の目にも落選間違いなしだったのが、二位に大差をつけてトップ当選してしまったのです。一体、○候補に何が起きたというのでしょうか。

杉尾博士によれば「彼の内部に潜む『ツキを呼び込む特殊回路』が作動した」というのです。

すごくこだわったり、執着したりする気持ちが強いと、それがストレスになって、かえって悪い結果を招いてしまうことがよくあります。「あがるまい、あがるまい」と思うと、ますますあがってしまうのと同じことが、あらゆる人生の場面で起きてくるのです。

それとは逆に、**結果にこだわらないで、物事にひたすら取り組んでいると、自**

分で想像もしていなかったようなよい結果が得られるのです。

目的意識から離れることができれば、逆に目的に近づく。その原理を杉尾博士はこう説明しています。

「弛緩《しかん》集中という状態を続けることです。弛緩集中とは、リラックスした中で、なおかつ集中力を保つこと。一番わかりやすいのは『大好きなことに夢中で取り組んでいる時の状態』がそうです」

幸運の女神がやってくるのは、きっとこういう時なのです。

44 好奇心を失わない

「この地球上で人間が『人間』になれたのは、好奇心のおかげである」という考え方があります。「新しいもの好き」(ネオフィリア)であることが、人間の文明を築くのに幸いしたというのです。

他の動物に比べて、運動能力も耐久性も劣る人間が、「万物の霊長」の地位を獲得できたのは知性のおかげですが、知性の中心にあったのは好奇心なのです。

運をつかむためにも好奇心は大切です。なぜなら、どんなことも「やってみなければわからない」という側面が必ずあるからです。

昔は、フグを食べて亡くなった人が大勢いたといいます。その時点で「フグを食べるのはやめなさい。でないと命を落としますよ」という知識はずっと申し送りされていったはずです。でも、「それでもどうにかして食べたい」と食べ方を研究した人がいた。先人たちの好奇心と食欲のおかげで、フグの安全な食べ方がわかったのです。文明の多くの部分は、こういう形でできあがってきています。

人間ほど、未知の事柄に対する興味をもつ動物は他にいません。この好奇心が運と大いに関係があるのです。

運はよくも悪くも、行動する人に巡ってきます。その行動も決まりきったものより、変化をつけたほうが新しい運に巡り会いやすい。過去の人類史上の偉大な発明や発見がそれを物語っています。

科学的思考に慣れた現代人は、皮肉なことに幸運から縁遠い考え方をするようになってしまいました。科学的に説明できないから「信じられない」とか「存在するはずがない」という考え方がそうです。

こうした考え方が「常識」を形づくりましたが、常識の範囲内で考え、常識に沿った行動をしているだけでは、なかなか幸運には遭遇しない。好奇心をもって、考えたり行動したりすることが必要なのです。

運とは、人間がまだよく解明できていない領域の問題です。だから「そんなあやふやなものを信じて行動なんかできない」という人が出てくるのも当然です。でも、最近の科学は、「科学的に正しい」と確信をもっていたことの中に、ずいぶん間違いのあることに気づき始めています。

もし、この世のすべてを知っている神様のような立場を知識一〇〇としたら、人間が今までに知り得たことは、せいぜい全体の五パーセントくらいだそうです。たった五パーセントの知識しかないのに、それですべてを判断していいはずがありません。運に関してわからないことがたくさんあるのは、五パーセントの知識で理解しようとするからです。

人間は知識とは別にすばらしい能力をもっています。それは推論、推測、推理、想像という能力です。科学的に説明できなくても、事実や現象、出来事を観察して「そうなのではないか」といった形で解釈する能力です。

こういう能力を発揮させる原動力は好奇心です。好奇心を働かせていれば、新しい何かに遭遇する機会はそれだけ多くなります。さまざまな研究者のテーマというのは、言葉を換えれば「好奇心の対象」に他ならない。だから研究者は発見とか発明という〈大幸運〉に恵まれるのです。

私たちも生活の中に、常識ばかりでなく好奇心を働かせて行動する部分をもっともっと増やしていけば、幸運に巡り会う機会はそれだけ増えることになるはずです。

おわりに

日々、多くの子供達に接している中で、一人一人の好きなこと、やりたいことの違いに感動します。

好きなことを大事にしてください。
やりたいという思いを大切にし、是非、取り組んでください。
他者と比べることは、全く無駄なことです。

すべての人は、母親の胎内で、形造られる瞬間から、幸福になるための、完璧な身体を形成されて、誕生しています。幸福になる仕組みが、既に組み込まれているのです。その仕組みが、正常に機能するには、善い取り扱い方が大切です。

難しいのは、善いと思っても、中々実行出来ないこと。長続きしないこと。

しかし、失敗しても大丈夫。やり直せばいいのです。

毎日、新しい朝が来ます。

３６５日、やり直せばいいのです。

この本が、読者の皆さんの心を軽くし、「さぁ、今日から、新しい、善いことに取り組んでみよう」という思いを持てる、助けになれば、幸いです。

この本を発掘し、文庫化に際し、ご尽力頂きました株式会社マイナビ出版、国領雄二郎様に、深く感謝致します。

本書は、『〈幸福な偶然〉にたくさん出会う法』
（２００６年６月／ＰＨＰ研究所刊）を改題・再編集し、文庫化したものです。

荒木ひとみ（あらき・ひとみ）

NPOファミリーカウンセリングサービス大隅相談室代表、行政書士、家族関係心理士。日本航空国際線客室乗務員として勤務後、1988年より、カウンセリングをライフワークとして取り組み、精神障害者生活ホームにてスタッフ兼カウンセラーとして勤務。1993年、多重債務者の生活立て直しを支援するクレジットカウンセリングに取り組む。2000年、NPO法人ライフカウンセリングサービス理事長に就任。「身近な街のカウンセラー」育成に力を注ぐ。2003年、行政書士の資格を活かし、「女性にやさしい身近な法律相談」を開始。女性が心身ともに、経済的にも安定して生きていくためのカウンセリングを行なっている。

[連絡先]NPOファミリーカウンセリングサービス大隅相談室
〒893-0061　鹿児島県鹿屋市上谷町11514-11
TEL/FAX　0994-43-5202
e-mail　h.araki1120@gmail.com

マイナビ文庫

「幸福な偶然」にたくさん出会う方法

2015年12月31日　初版第1刷発行

著　者　　荒木ひとみ
発行者　　滝口直樹
発行所　　株式会社マイナビ出版
〒101-0003 東京都千代田区一ツ橋2-6-3 一ツ橋ビル2F
TEL 0480-38-6872（注文専用ダイヤル）
TEL 03-3556-2731（販売）／TEL 03-3556-2733（編集）
E-mail kikaku-hensyu@mynavi.jp
URL http://book.mynavi.jp

カバーデザイン　米谷テツヤ（PASS）
写真　　土屋久美子
文庫版編集　国領雄二郎
印刷・製本　図書印刷株式会社

ISBN978-4-8399-5814-5
Printed in Japan

MYNAVI **BUNKO**

トコノクボ

くじけない心の描き方

榎本よしたか 著

ブログで公開され電子書籍化されると、多くの人の共感と感動を呼んだコミックエッセイが待望の文庫化！ いくつもの不幸・逆境……しかし､「前へ進もう」と筆者は一歩目を踏み出した。ここから、イラストレーター、法廷画家として独立する、サクセスストーリーが始まる。どんな逆境でもポジティブに生きて、夢を貫くその姿に感動する人が続出！ つらい試練に直面しているすべての人が、生きる勇気と希望を貰える一冊です！

定価　本体680円+税

MYNAVI BUNKO

他人を元気にすると自分も元気になれる魔法のルール

大谷由里子 著

ラッキーは引き寄せられる！
「一緒にいたい」と思われる人になる！
自分を幸せにできるのは自分だけ！
「聞き流す」のもテクニック！
自分のファンをつくる！
欲しいものは「欲しい」と言う！
人の力を借りる！
一日三笑！
ココロから笑うコツは？
「人から言われてうれしい言葉」は？
──「吉本流」しあわせ引き寄せ術のすべて
魔法のルールを手に入れて幸せな毎日を過ごしましょう♪

【4コママンガ付き】

定価　本体720円＋税